Learning

for

Teens

贾亦真 / 著

Yizhen Jia

为青春
念书

中学生留美
亲历实录

民主与建设出版社

·北京·

© 民主与建设出版社，2023

图书在版编目（CIP）数据

为青春念书 : 中学生留美亲历实录 / 贾亦真著 . --
北京 : 民主与建设出版社，2023.8
　ISBN 978-7-5139-4268-3

　Ⅰ . ①为… Ⅱ . ①贾… Ⅲ . ①留学教育—概况—世界
Ⅳ . ① G649.1

中国国家版本馆 CIP 数据核字（2023）第 114552 号

为青春念书
WEI QINGCHUN NIANSHU

著　　者	贾亦真
责任编辑	刘　芳
封面设计	零创意文化
出版发行	民主与建设出版社有限责任公司
电　　话	（010）59417747　59419778
社　　址	北京市海淀区西三环中路 10 号望海楼 E 座 7 层
邮　　编	100142
印　　刷	北京晨旭印刷厂
版　　次	2023 年 8 月第 1 版
印　　次	2023 年 8 月第 1 次印刷
开　　本	880mm×1230mm　1/32
印　　张	6.75
字　　数	108 千字
书　　号	ISBN 978-7-5139-4268-3
定　　价	58.00 元

注：如有印、装质量问题，请与出版社联系。

前言

　　《为青春念书：中学生留美亲历实录》的内容，主要出自我与郭泰、杨紫茉、李佳欣、贾长松等人进行的合作演讲。鉴于大家对我们分享的内容非常感兴趣，我的爸爸贾长松先生建议将这些内容整理出版。

　　其中，本书第 1 章"如何轻松适应留学日常生活"，由本人与杨紫茉同学演讲、对谈内容整理而成；第 2 章"如何快速融入留学校园生活"主要是我自己的校园生活亲身体验和经验总结，个别内容来自李佳欣的分享；本书第 3 章"如何提高成绩并保持"和第 4 章"轻松解决难科、偏科"由本人与郭泰同学演讲、对谈内容整理而成；本书第 5 章"我成长中的关键动作"由本人与爸爸贾长松先生演讲、对谈内容整理而成。

我与郭泰

我与杨紫茉

在这个青春年少、风华正茂的年纪，正如我爸爸感慨道："如果能让我回到 16 岁，哪怕现在的一切都不曾拥有，我也愿意。"16 岁的花季，精力充沛，整个世界都在脚下，随时可以扬起风帆，开启新的旅程，这样的年纪，谁不羡慕，谁不想拥有？但是，正所谓"逝者如斯夫，不舍昼夜"，再美好的时光都会流逝。因此，在这个最好的年纪，我们必须为自己的未来拼尽全力，方不负此生！

在此，我想对那个不畏艰难、努力向前走的自己说一声"谢谢"。因为我深深地知道，不管父母、老师、亲人、朋友如何爱护我、帮扶我，人生的道路只能自己走，这一路上的风景也只能自己体会。只有自己形成迎难而上的行事风格，突破困境，才能扭转不利的局面，才能看到那些美丽的风景。

也许，再过几十年，等我到了我爸爸这个年纪，或者再年长一点，我的责任感会要求自己拿出漂亮的人生答卷，我永远都会记得，在这努力学习奋发向上的道路上，我所经历的青春时光成就了我，也成了我人生最重要的部分。希望正在读这本书的你，也能成为更好的自己，无悔这青春。

我的留学生活

我参加长松股份十周年盛典

　　岁月无情，青春无价。求学的道路上从来没有捷径，希望你，希望我，希望我们都能坚持、坚强、坚韧！跨过千山万水，追逐梦想，终能发光发热，迎来开阔的人生！

　　朋友们，让我们携手同行，不负韶华！

目 录

|第 1 章|

如何轻松适应留学日常生活

第一节　寄宿家庭的苦与甜　/003

　　找寄宿家庭的渠道　/004

　　对寄宿家庭的合理期待　/007

　　筛选适合自己的寄宿家庭　/009

第二节　真实的寄宿家庭样貌　/012

　　Mandy 的第一个寄宿家庭　/012

　　Mandy 的第二个寄宿家庭　/016

第三节　如何适应寄宿家庭的生活　/018

　　如何与寄宿家庭建立友好关系　/018

家长应如何帮助自己在寄宿家庭的孩子　/023

寄宿家庭生活的主要收获与挑战　/030

第四节　其他留学住宿方式　/033

如何适应过渡期　/035

与家人一起居住　/034

第五节　留学生活应注意的一些细节　/035

如何适应过渡期　/035

美国普通家庭的结构　/038

上下学的通勤方式　/040

饮食　/040

社会基本礼节　/042

社会治安　/043

热点问题汇总　/044

| 第 2 章 |

如何快速融入留学校园生活

第一节　树立学习目标　/051

　　陌生的环境，从迷茫到自信　/051

　　美国中小学的特点　/056

　　美国校内校外的安全问题　/059

第二节　申请美国中学、大学　/061

　　申请一所真正适合你的中学　/061

　　申请美国大学需要准备的材料　/061

　　GPA 成绩　/063

　　SAT 与 ACT　/064

第三节　我的校园生活　/065

　　疫情对学生的影响　/065

　　我的校园学习生活安排　/066

🎓 **热点问题汇总**　/068

|第 3 章|

如何提高成绩并保持

第一节　如何提高成绩　/075

提高课堂效率——听的诀窍　/075

提高课堂效率——使用课堂笔记的诀窍　/080

提高课后效率　/087

第二节　如何保持好成绩　/097

自我管理诀窍　/097

时间管理　/105

目标管理　/109

获得英语好成绩的技巧　/112

第三节　如何适应跨国学习　/115

适应文化切换　/115

适应不同的教育系统　/119

第四节　如何选择课程　/122

选课前的准备工作　/122

选课对升学的影响　/131

热点问题汇总　/132

| 第 4 章 |

轻松解决难科、偏科

第一节　如何分辨难学的课程　/139

　　什么是难学的课程　/140

　　为什么要选择难学的课程　/149

　　美国高中必选的难课　/150

　　上难课和上常规课的区别　/152

　　我的经验分享　/154

第二节　如何应对难学的课程与偏科问题　/161

　　心理控制——不要害怕一门课程　/161

　　对症下药——找出一门课困难的原因并尝试解决　/165

　　难课入门考试　/166

　　通过选课管理偏科问题　/167

　🎓 热点问题汇总　/169

|第 5 章|

我成长中的关键动作

第一节　父母这样培养我　/173

　　家庭教育，不只是父母管孩子　/173

　　父母培养我的五大细节　/174

第二节　我的家庭教育关键动作　/178

　　建赛道：为孩子寻找优质的教育资源　/178

　　有效陪伴，精准支持　/181

　　言教、身教、境练　/186

　　兴趣爱好刻意训练　/189

🎓　**热点问题汇总**　/190

致谢　/195

第 1 章

如何轻松适应
留学日常生活

很多家长对把孩子送到美国有诸多担心，所以我给大
家分享一些我的朋友 Mandy 在寄宿家庭的生活，以及在寄
宿家庭选择与相处方面的经验，希望可以解答大家对寄宿
家庭的疑问。

第一节　寄宿家庭的苦与甜

来美国上中学，通常有 4 种居住方式：

第一种，寄宿家庭。

你如果读的是非寄宿学校，想要深度体验美国的文
化，这是一种很好的居住方式。

第二种，住校。

在美国，能提供住宿的中小学很少，大概只有 5% 的

学校是住宿学校。所以这个选项相对来说并不普遍。

第三种，自行租房子。

一般来说，美国中学生是不允许自己在外面租房子住的。因为存在很多安全隐患，学校方面对学生的安全也会有很多担忧。通常，都是上了大学才开始自己租房子住。

第四种，和家人一起居住。

这种方式是我最推荐的一种居住方式，也是我本人现在的居住方式。但是这种居住方式需要满足的条件很多。比如要在学校附近有房子，家人有美国签证，以及家人有时间过来陪伴。因此，相对来说这种居住方式要比其他几种方式的门槛高一些。

Mandy 是土生土长的重庆人，在重庆上了小学和国际初中后，来美国上高中。她于 2019 年来到了洛杉矶的一所私立高中求学，先后居住过两个寄宿家庭，所以对于寄宿家庭的选择以及与寄宿家庭相处方面，有着比较丰富的经验。

找寄宿家庭的渠道

住寄宿家庭的前提是：你上的是一所走读学校，家人

无法陪读，只能住在别人家里。寻找寄宿家庭，一般有三
种渠道：

熟人介绍

如果家里在美国有一定的人脉，你可以通过这些人
来介绍。或者你在美国有亲戚、朋友，他们愿意让你住
在他们家里，帮助监督你上下学，照顾你。我觉得这种
寄宿方式是最好的。因为彼此信任度比较高，对于孩子
来说，也不是完全陌生的寄宿家庭，而是亲人、朋友般的
存在，与孩子父母的联系更紧密。但这并不容易做到，毕
竟在朋友中寻找愿意且合适的寄宿家庭，并不是一件容易
的事情。

大型中介机构介绍

通常大型中介机构介绍的寄宿家庭都是纯陌生人。对
一个人完全不了解，就要住在他的家里，对任何人来说，
都会比较紧张。但是寄宿家庭在美国是一种制度化的选

择，大型中介机构有较多的资源和选项，有的中介机构长期与美国学校合作，比如 IPERC（中美教育研究与交流中心）、Cambridge Network（剑桥美国高中联盟）等。大型中介机构可选择的寄宿家庭更多一些，它们一般会给出 3~5 个家庭的信息让你选择，沟通完成后，就签订合同。

此外，大型中介机构还会提供一些额外服务，比如帮助家长和学校沟通，帮助孩子克服语言障碍，帮助翻译文件等，这也是大型中介机构的一个优势。

当地私人机构介绍

除了大型中介机构之外，还有一些私人小型中介机构可以选择。这类私人机构，通常是通过朋友关系网进行介绍，相对来说价格偏低，服务项目也与大型中介机构有所不同。比如我居住的地方就有一个叫 Ryan 的人，在从事这方面的业务。

一般来说，寻找寄宿家庭，我们首选与大型中介机构合作，毕竟大机构各方面更完善，也更有保障。我的朋友

Mandy 就在这方面吃过亏，有一次非常不愉快的经历。她曾经找过一个美国当地的小型私人中介机构，到美国后，她就见过一次介绍人，并且中介机构在收钱之后没有任何后续服务和跟进。如果她真的在寄宿家庭遇到什么问题，这个中介机构也不会提供帮助。

后米，Mandy 又找了一家叫 iPad 的中介机构，相对来说就好很多。这家中介机构会在重大节日或者假期，带着所服务的学生，一起外出聚餐交流；一旦某个学生有任何问题，也会第一时间沟通并给予帮助，平时和家长的沟通也非常多。

所以选中介机构，一定要提前做好调查，一定要很仔细地去甄别，要多看看他们的顾客反馈。毕竟很多小留学生刚到美国，举目无亲，这时候一个可靠的中介机构，可以解决很多问题，帮助他们迅速融入美国的学习和生活。

对寄宿家庭的合理期待

我们去寄宿家庭住宿之前，先要给自己打"预防针"，一定要对寄宿家庭的生活有一个非常合理的期待。其实对于接待你的寄宿家庭的成员而言，这只是他们的一份工作、一份收入，所以他们尽可能完成的也是合同上的工作内容。比如提供食物、提供住宿、接送上下学，他们的职责仅限于此。

如果寄宿的孩子还想要得到诸如情感支持之类的，最好不要过多地期待。比如心情不好哭鼻子，想要去找寄宿家庭的长辈倾诉，或者学校有家长会，希望寄宿家庭的长辈可以去参加，或者希望可以跟寄宿家庭的长辈分享一下生活中的事情，这些是无法要求他们的，毕竟这些都不是寄宿家庭在合同规定范围内应尽的责任。

我认为跟寄宿家庭建立关系，与跟其他任何人建立关系是一样的。你要想和他们成为朋友，肯定有很多需要做的事情。比如要讲礼貌，节日或者对于寄宿家庭有特别意义的日子，可以送个礼物之类的，礼尚往来，这样才有可能建立一种比较好的关系。

我的朋友 Mandy 住过两个寄宿家庭，她与这两个寄宿家庭之间的关系都特别好，成了朋友。但是即使关系再好，寄宿家庭的长辈也不可能像自己的爸爸妈妈那样，对自己无条件地好，所以大家千万不要期待，寄宿家庭的妈妈会变成自己在国外的妈妈，这是不现实的，她最多也就是你法律意义上的监护人，她帮你的父母把你照看好，不出什么意外就好，她不会对你百般呵护，你们之间是非常商业的合同关系。

你只有对寄宿家庭有了合理的期待，才不会落差太大，才不会感到失望。

筛选适合自己的寄宿家庭

在选择寄宿家庭的时候，中介会发给你寄宿家庭的全部档案，上面有寄宿家庭的详细信息。比如姓名、家庭结构、家人的年龄、从事什么工作等。你可以像侦探一样仔细观察、揣摩这是一个什么样的家庭，然后再来决定这个寄宿家庭是否适合自己。

同时，寄宿家庭的档案里也会展示很多照片，通过照片你可以看看他们的家庭气氛是否适合自己，这也是非常重要的。我觉得找寄宿家庭这件事真的很讲缘分，需要有一点第六感。就像我们谈恋爱、找朋友一样，有时候很讲究眼缘。

你在看这些档案的时候，一定要擦亮眼睛，比如档案中寄宿家庭的女儿爱好是踢足球、打网球，他们平时周末会去沙滩玩，这时，你就可以看看你们之间有没有共同点。如果你也喜欢踢足球或打网球，那自然你们之间就有共同话题，在你与寄宿家庭彼此适应的过渡期，就好过得多。比如说我和 Mandy 都很喜欢时尚，共同的爱好使我们很快就成为无话不谈的好朋友，你和寄宿家庭是否能够迅速地度过过渡期，建立融洽的关系，也是一样的道理。

刚开始 Mandy 认为选择寄宿家庭最重要的因素是学校离寄宿家庭有多远。如果离学校非常近，比如只有 5 分钟路程，那每天早上提前 40 分钟起床，就可以准时到校。但如果住在一个离学校非常远的地方，加上路上的时间，要想准时到校，就需要很早起床，再加上 Mandy 所在的洛杉矶堵车非常严重，路上花的时间可能更长。通勤时间过长，会严重压缩本就不多的睡眠时间。所以如果寄宿家庭离学校很近，肯定是一个可以提升幸福感的选项。

相对而言，Mandy 是比较幸运的，因为她与寄宿家庭相处都比较融洽。我们身边有的朋友，他们可能一学期上到一半，就需要换寄宿家庭，因为实在合不来。比如饮食上实在无法适应，或者无法接受寄宿家庭里某个人的性格等。此外，还有一些无法预料的原因，比如家里蚂蚁太多，感觉有安全隐患，晚上警铃声太多，等等。

与寄宿家庭不合的情况是很有可能出现的，大家要提前做好心理准备。不过我们应该以平常心看待这件事情。如果发现寄宿家庭不合适，最好还是先跟寄宿家庭好好沟通。如果沟通无果，一定要赶紧跟中介联系，提出自己不喜欢这个寄宿家庭，要马上搬走。一个人在外面留学，如果住得不舒服，吃得不舒服，各方面都不如意，是非常影响学习和心理状态的，所以千万不要委屈自己。换寄宿家庭也是非常正常的事，你无须有顾虑。

第二节　真实的寄宿家庭样貌

Mandy 的第一个寄宿家庭

Mandy 刚刚到第一个寄宿家庭的时候，对这个家庭的了解仅限于中介机构提供的档案信息，除此之外，根本就不知道要面对的是什么。Mandy 分享的经历，能够帮助大家对寄宿家庭生活有更清晰的认识。

Mandy 的第一个寄宿家庭里一共有 3 名女性，住家妈妈 Stacy，她的女儿 Amanda，以及刚到美国的 Mandy。Mandy 那时刚满 15 岁，Amanda17 岁，3 名女性同住一个屋檐下，避免了安全隐患和担忧。这是这个寄宿家庭的好处。

Mandy 和 Amanda 虽然每天都会见面，但起初关系比较尴尬、客套。这其实很正常，对于 Amanda 来说，她家里突然住进一个陌生人，相互没有任何了解，戒备的心态其实和我们挑住家是一样的。

很多去寄宿家庭住宿的孩子，刚开始英语都不是很好，与寄宿家庭磨合初期，肯定会遇到各种各样的困难。

但在最初的一年时间里，他们往往会得到飞速成长。虽然曾经有很多痛苦或者难过的经历，但是回头看时，这些经历都变成了自己成长的养分，变成了人生的一个重要组成部分。Mandy 也从这段与寄宿家庭相处的日子中，学到了很多。

这个寄宿家庭并不富裕。Stacy 是一个单亲妈妈，她的主业是旅馆业，接待 Mandy 寄宿是她的其中一份工作，此外她还要去帮别人打扫、做数学辅导老师，所以她非常忙。Stacy 是一位值得尊重的女性，她离婚之后，非常坚强，把自己的生活过得很好。我和 Mandy 在她身上看到了非常强大的韧性。

刚到寄宿家庭，也会有痛苦的时刻。比如 Mandy 刚刚到美国的时候，非常孤独，那时候她刚满 15 岁，很多事情不知道该怎么寻求帮助。当感觉很孤单时，她就有一种被全世界抛弃的感觉。比如有时候 Stacy 周末会出去工作，Amanda 也会出门，就她自己一个人在家里，她就会觉得孤零零的。同时伴随着她的还有时差，她醒着的时候，国内的家人、朋友都在睡觉，她就会感觉自己和整个世界分离了。这种孤独感是需要花很多时间来适应的。

Mandy 还给我分享过她印象深刻的一个时刻。有一次，寄宿家庭的人都出去了，她自己一个人躺在客厅的沙发上，盯着天花板，心里想：我自己在这里干吗？为什么要在这里？她感觉自己完全失去了人生的方向。现在复盘再看这段经历，她发现其实是自己当时不会寻求帮助，在精神上已经处于很不健康的状态。如果你也觉察到这种状态，第一时间就要寻求帮助，要跟爸爸妈妈说，跟寄宿家庭的妈妈说，或者跟中介说，跟学校的老师说，总之一定要立刻采取行动。

Mandy 就读的走读学校，学生一般是自己带午餐。Mandy 带的午餐一般都是前一天晚餐吃剩的东西，然后在午餐盒里放一上午，中午的时候再用微波炉加热。因为 Stacy 工作很忙，没有时间给她精心准备很好的午餐，她看着其他孩子都拿着自己妈妈精心准备的饭菜，心理上多少还是会有落差的。再加上让同学们看到她吃得不好，心里肯定会感觉酸酸的。在那一刻，她会怀疑来这儿留学到底值不值得，其实这也是一种很正常的情绪。

Mandy 刚到这个寄宿家庭的时候，参加他们的家庭聚餐，会感到很尴尬。Mandy 告诉我，家庭聚餐时，她自己

通常都处于一种很安静的状态，在旁边默默地吃饭。毕竟
人家一大家子在那里开心地聚会，自己作为一个局外人，
无法融入，难免心中落寞。不过相处久了，相互之间熟悉
了，这种尴尬就慢慢地消除了。

　　Mandy 是 2019 年到美国，2020 年疫情开始，2020
年 4 月左右，学校就开始停课，之后美国开始发布各种
各样的限令。在旅游被限制之后，Stacy 的主要收入来源
突然间被切断，经济骤然紧张，无法支付房租。因为她
们当时住的房子是租的，房东要求她们一个月之内必须
搬走。突然之间，全家面临居无定所的状况。Mandy 不
知道该怎么办，那段时间，她相当焦虑和惶恐，质疑自
己为什么要来美国。在这种状况下，Mandy 在 4 月就飞
回了中国。

　　等再次回到美国，她们见面时，真的感觉恍如隔世。
Mandy 觉得那些记忆立刻又全部回来了。这时候她才发现，
原来自己经历了那么多。当时看似有那么多跨不过的坎
儿，现在都过去了，她觉得自己浑身充满了力量。

Mandy 的第二个寄宿家庭

Mandy 住的第二个寄宿家庭是通过熟人介绍的。Mandy 学校的中文老师，把她推荐给学校的西班牙语老师，说这个孩子很好，问能不能让她去家里住，并且照顾一下这个孩子。就这样，Mandy 很顺利地住进了这个寄宿家庭。这次她住的地方在洛杉矶市城中心一点的位置，环境特别好。

这个寄宿家庭里有一个 30 多岁的姐姐 Carla，这位姐姐还和自己的妈妈住在一起，这在美国非常少见。但是她们经济相互独立，Carla 有自己的收入，她会给妈妈交房租，母女俩相当于合租关系。

这个寄宿家庭的妈妈经常用西班牙语跟她的朋友、子女打电话，所以 Mandy 也就跟着学了一点西班牙语。其实这也是住寄宿家庭的好处之一，即可以接触不同文化。Mandy 觉得这个寄宿家庭比第一个寄宿家庭的情况好很多，因为这个寄宿家庭妈妈是学校老师，收入不错，生活很有情调，文化水平也很高，家里打理得非常好，是一位非常有气质的妈妈，她们在一起相对来说有更多的共同话题。比如她们可以讨论很多关于哲学的问题，分享她们各自喜欢的音乐，或者她可以跟 Mandy 讲她的故乡委内瑞拉的历史，Mandy 也会跟她讲自己对中国的喜爱，等等。这些交流，拉近了彼此的距离，使得彼此相处更加融洽。

当然，这个寄宿家庭里也有一个有点儿令人感到痛苦的地方——这个家庭的妈妈是一个素食主义者。虽然很多人对素食主义很感兴趣，但是 Mandy 尝试了一周左右，还是放弃了。Mandy 在她家里，吃得最多的就是牛油果、豆腐。虽然吃得非常健康，但是整个人吃得面有菜色。并且 Mandy 在第 3 个月的时候，一吃牛油果就会肚子疼，她的身体已经对牛油果过敏了。所以她就对住家妈妈说她不能再吃牛油果了，要给她加餐。

父母把小孩送到一个陌生人家里的时候，肯定会非常担心。担心自己的孩子吃得好不好，睡得好不好，有没有得到很好的照顾。十几岁的小孩，其实没有想象中那么坚强，或者没有想象中那么独立，肯定会有一个艰难的适应过程，有很多困难需要去克服，有很多艰难的时光需要去度过，但是最后收获的那些人生经历的价值都是不可衡量的。因此，总体来说，是非常有益的。

我曾经问过 Mandy，如果让她重新选择一次，她还会不会选择寄宿家庭？她很坚定地说，她还是会再选择寄宿家庭，因为那种经历和磨炼后的收获，对她而言是用任何其他东西都无法交换的，是与来美国想要获得文凭或想学到知识完全不同的维度，是一种无价的体验。

第三节　如何适应寄宿家庭的生活

如何与寄宿家庭建立友好关系

讲礼貌、懂尊重

我认为，讲礼貌、懂尊重这一点，任何时候都是适用的，尤其是当你住在寄宿家庭时。

1. 遵守寄宿家庭的家庭规则

每一个寄宿家庭，都是有一些规则需要遵守的。比如，一些寄宿家庭可能会觉得，你洗澡只洗 15 分钟，洗得太敷衍，是不注意卫生的习惯；但是有的寄宿家庭又会限定你的洗澡时间，不能洗太久。此外，还有鞋子不能穿到屋子里来，什么东西必须放到什么地方，不能乱放……如果你居住的寄宿家庭有明确地跟你讲过这些规则，你一定要很认真地去执行，因为这表示你对这个家庭的尊重。

2. 守时

守时很重要，因为你需要依赖你的寄宿家庭接你上下学。你一定要提前跟你的寄宿家庭沟通好，告诉他们你的具体上下学时间。比如你就读的学校要求上午 8:25 到校，那就需要根据路上要花多少时间，确定早上几点出门。Mandy 所住的寄宿家庭离学校的距离，加上堵车的时间，需要 25~35 分钟才能到学校。但是由于寄宿家庭的妈妈是学校的老师，需要 8:00 到校，所以她们一般 7:00 左右开始吃饭，7:30 左右就要离开家门，8:00 左右到学校。如果学校下午 3:00 放学，那你应该告诉寄宿家庭，需要 3:20 来接你。因此，你们共享时间表很重要。

此外，如果有特殊情况，一定要提前沟通好，尽量避免一方来早了或来晚了的情况，这对你们而言都非常不方便。

3. 体谅他人

有时候，寄宿家庭的人因为特殊情况无法履行约定，你也要理解他们。比如，寄宿家庭的人实在没有办法来接你的情况肯定会偶尔出现。这时，你也要体谅他们，理解他们有自己的事情难以脱身。在美国，类似于滴滴打车的软件是Uber（优步），也很方便，你完全可以自己打车回来。

一定要照顾好自己

1. 要学会提要求

起初，因为饮食习惯的差异，Mandy在寄宿家庭吃得很不舒服，但是Mandy什么都没有说，因为Mandy觉得跟别人直接提要求不礼貌，或者表达得太直接了，别人会接受不了，她担心寄宿家庭的妈妈听到之后会不开心。其实，大可不必这么想。况且，你在寄宿家庭生活又不是一天两天，为了自己的舒适，为了能够好好学习，这种事情一定要与寄宿家庭沟通解决。

　　比如，你不喜欢吃洋葱，你可以要求他们做饭时不要在你的那份里放洋葱；或者你不喜欢吃煎得太生的鸡蛋，直接跟他们说帮你煎鸡蛋时煎熟一点。其实这些要求，对于你的寄宿家庭来说都不难做到，但是对于你来说，一点小小的改变，就会让你的生活舒适很多，所以一定不要害怕向寄宿家庭提要求。

　　除了饮食，生活中的其他需求也一定要跟寄宿家庭多沟通。比如 Mandy 之前缺衣架，她提出来，寄宿家庭的妈妈马上就去帮她买了；或者你自己觉得有住得不舒服的地方，比如你觉得你的床有什么问题，窗户有什么问题，你都要提出来。

　　此外，如果寄宿家庭无法解决你提出的问题，你也可以跟中介沟通你希望寄宿家庭改进的问题。

　　一个人在外面念书，本身压力已经很大了，不要再因为这些事情，给自己施加无谓的压力或负担。所以学会求助，学会提要求，真的太重要了，一定不要什么事情都自己担着，让自己过得尽可能地舒心。

2. 要打理好自己的内务

不管你住在哪儿，都要打理好自己的内务。尤其是在寄宿家庭里，没人管你洗不洗衣服、换不换床单。你床单一年不换，可能也没有人管你，但是你的床单不换，你自己真的会舒服吗？所以这些都是你自己分内的事情，你一定要把自己分内的事情做好。建议大家在出国之前，一定要学会做几道小菜，学会洗衣服，因为这些太重要了，这些基本的生活自理能力，到了寄宿家庭，可能没有人教你。

3. 要自律

寄宿家庭不会管你的学习。你什么时候写作业没人管，即使你熬夜写作业到凌晨 3:00，或者打游戏打一整天，都没有人管你；你的成绩单上全部是 C，或者全部是 D，他们也不会管你。因为他们不是你的爸爸妈妈，不会催着喊着让你快去写作业，你要对自己的学习负责。他们只管你吃饱没有，穿暖没有。

因此，自律在这个时候是非常重要的。其实不管你是在自己家里，还是未来在任何其他地方，自律对你来说都是一个良好习惯，对你有很大帮助。

其实，如何与寄宿家庭建立友好的关系、与你未来的大学室友建立好的关系，以及与其他任何人建立友好的关系，在方式方法上都是相通的。只是可能你付给了寄宿家庭钱，他们会照顾你一些，甚至有时候你会有自己就是老板的感觉。在寄宿家庭，你一定要学会做以上这些事情，因为这些对你来说很有帮助。特别是要学会提要求这点，不要像 Mandy 一样，吃牛油果吃到过敏，才向寄宿家庭提要求。

家长应如何帮助自己在寄宿家庭的孩子

家长要主动关怀

孩子在大洋彼岸这么遥远的地方留学，如果真的发生什么事情，要坐十几个小时的飞机才能到达，所以很多父母不知道如何帮助寄宿在美国家庭的孩子，感觉自己心有余而力不足，爱莫能助。

其实远在美国留学的孩子很清楚，父母离得那么远，也帮不了他们什么，所以不管是自己的精神状态不好，还是吃得或住得不好，甚至学校发生了什么事情，他们都不会跟父母讲，会有一种报喜不报忧的心态。我身边的很多朋友都有类似的心态，他们觉得没有必要让父母担心自己，因为父母在国内，爱莫能助，没有必要让父母操心，徒增父母的压力。

此外，来美国上初中、高中的孩子，正处于青春期，多少有些叛逆，会有一种傲娇心理。他们觉得自己又不是小孩子了，已经不需要父母的帮助，自己的事情自己完全可以搞定。而且，此时也不像和父母住在一起的时候，每天都能看到彼此，自然而然会有很多对话。

所有这些，使得这些小留学生很少主动跟父母联系与沟通，亲子关系也因此受到非常大的伤害。通常，这种情况在留学的第一年尤其严重。此时，家长和孩子一定要努力去主动创造连接的机会。作为家长，一定要非常主动地给予孩子关怀。比如 Mandy 出来留学的时候，不怎么给父母打电话或视频，经过一段时间的调整和彼此的努力，现在她经常和父母打电话或视频。

约定一个固定的通话时间

不管工作和学习有多忙，父母和孩子一定要制订一个特定的时间来沟通交流。在这个时间，放下所有的事情，分享各自的生活。

这样做的好处是，双方非常清楚彼此的情况。比如你今天参加了什么活动，或者考试没有考好，或者商定对于某些事情的处理方案。通过这些分享，父母会知道你这一天的状态。而且，打电话的时候，通过声音和语气，一方也可以感受到另一方的心情。

同时，你也会问家里怎么样，父母的工作怎么样，亲人怎么样，甚至也关心一下你家的狗过得怎么样。这样的聊天，会带有更强烈的连接感觉。他们知道你在干什么，你也知道他们在干什么，父母了解你的状态，同时你也了解父母的状态，让彼此都会有一种更加安心的感觉。不至于双方对彼此一无所知，失去连接。

因此，确定一个打电话的时间是至关重要的，就像是你们对彼此的承诺，你们要一起去履行承诺，而不是随机的、随意的。不能想打电话就打，不想打电话就不打。比如 Mandy 告诉我，她现在有时候一周不给家里打电话，就感觉好像这周没有父母存在一样。其实这种分离感，是很伤害自己和父母之间感情的。

至于具体什么时间合适，要根据你所在学校的时间安排和国内父母的时间安排来定。比如，美国实行冬令时期间，洛杉矶和北京时差为 16 个小时，洛杉矶下午 4:00~5:00，在国内是早上 8:00~9:00，如果这时双方都有空，就可以打电话。

其实，即使我们天天和父母生活在一起，也可以采用楼梯会议的方式来定期沟通。这种方式就是大家都坐在楼梯上或者其他地方，讨论这一天过得怎么样。这种聊天方式，能够让你的心情更好。

不论你是在国内，还是在国外，无论是和父母住在一起，还是分开，高质量的沟通都是非常重要的。这对于促进父母子女之间的情感交流，以及亲子关系的融洽，都是非常有帮助的。

事实上，有时候大家虽然在同一个空间，可是父母在忙他们的工作，孩子在看自己的手机，虽然在同一个空间里，但是彼此没有产生任何连接。因此这种约定的专门谈心、沟通的时间，不管在哪里，都是非常重要的。

要学会与孩子交流情感，不要只是说教

父母与孩子沟通时一定要耐心，同时还要有说话的艺术。比如，我刚来美国留学时，有时心情不好，真的很不想说话。父母看着我心情不好也很着急，他们就会问我为什么心情不好，到底发生了什么，然后是一连串的质问。这时候，我心情就更不好了，直接不想听，想马上逃离他们，让自己静一会儿。所以父母与孩子沟通的时候，一定要耐心一点，委婉一点。父母可以以关怀为主，教导为辅，甚至完全可以不用给孩子讲道理之类的话，因为这就是大家交流感情、建立连接的时间，不是教育孩子的时间。如果每次打电话，父母都把孩子骂一顿，那孩子肯定不想再打电话了。所以父母尽量要把沟通的时间变成一个非常愉快、非常让人期待的时间，多聊聊轻松的话题，聊一聊家里的狗怎么样，聊聊遇到了什么有意思的事，聊一聊吃到了什么好吃的，尽量少聊"你怎么成绩那么差、成绩怎么又拿了 B"这样的话题。

父母在孩子的生活中，应该是鼓励、支持、关怀的角色，应该是张开手臂随时给孩子一个拥抱的状态，而不是

随时都指责孩子的状态。家永远是孩子的避风港，这样孩子心里才有底气，才会觉得有所依靠。不管你们是不是在一起，父母的支持都非常重要。

借助中介沟通，了解孩子动向

　　家长肯定很想知道孩子在美国有没有好好学习，成绩怎么样之类的。想了解学习成绩，可以直接登录所在学校的网站，查询孩子的成绩。学校每个学期，都会出一份成绩单。如果家长英语不那么熟练，自己查询有困难，这个时候中介就派上用场了。家长可以直接跟中介沟通，让中介帮你看一下孩子的成绩怎么样，也可以让中介帮你发几封邮件给老师，问问情况。家长自己直接问孩子的成绩，其实大多数时候，可能会让孩子觉得挺烦的。所以家长可以借助中介，了解孩子近期的动向。

有条件的家长来美国看孩子

　　如果家长有条件的话，希望可以来美国看孩子。上次我遇到 Mandy，她说她已经 5 个月没有见到家人了，要见面，至少也还需要半年，她感觉整个人就像被抽空了一样。她的爸爸妈妈来美国看她的话，在精神上会给予她特别大的动力。

父母能来看看孩子，对孩子的帮助是非常大的。我们身边的很多留学生同学，他们多多少少都会经历心理健康上的问题。Mandy 第一年来，因为特定环境而一度陷入抑郁状态。所以，要适应美国的留学生活，真的是有很多难关要攻克。

不管是在寄宿家庭中，还是在学校里，很多留学生刚去的时候，很难交到朋友，精神也一直处于一种高压状态。在这种情况下，家长来看看孩子，分担一些孩子的压力，有时候甚至分担一些家务，或给孩子做几顿好吃的饭菜，真的是对孩子有很大的帮助。就算孩子嘴上说家长不要来，觉得会给父母增加很多麻烦，但是父母真的来了，孩子的内心一定会感动的。所以不要听孩子说不用来，家长就真的不来了。虽然有时孩子总是想拒绝父母的好意，总是说"我不需要你"，但其实内心是想对父母说："我很需要你。"所以父母一定要学会读懂自己孩子的潜台词。

寄宿家庭生活的主要收获与挑战

主要收获

1. 提高自理能力

在寄宿家庭里，你什么时候起床，是由你自己决定的。你要为自己的行为负责。

跟父母住在一起的时候，因为你知道父母看到你早上迟迟不起床，肯定要把你拉起来，看到你要迟到了，就会一直催，所以你觉得能多睡一会儿，就多睡一会儿。

但是，在寄宿家庭这里，你是没有这个机会的。早上，通常寄宿家庭的妈妈会敲几下你的门，感觉到你没有动静，她就再敲几下门，问你起床了没有，如果还是没有回应，她就会觉得这个孩子是不是生病了，今天就在家里休息吧，她会帮你请假。

所以，在寄宿家庭里，只能靠你自己起床。寄宿家庭的妈妈认为起床是你自己的事情，你迟到了就迟到了，她不会像你的父母一样，觉得要为你的迟到负责，这是你自己的责任。如果到了约定的时间，你还没有准备好出门，

她自己又要上班，她可能不会等你就走了，她不会因为你
而耽误她自己的时间。这是你的父母和寄宿家庭的妈妈很
大的区别。

2. 提升英语交流能力

在寄宿家庭，你的任何需求，都要用英语跟他们沟通，
这也是变相地逼迫你一定要说英语，这会使你的语言表
达、沟通能力获得快速提升。你在学校的 8 个小时，有时
候并没有太多的表达机会，但是回到寄宿家庭之后，只要
你愿意，用英语表达的机会很多，比如你喜欢吃什么，不
喜欢吃什么，今天心情不好，都可以用英语去表达，你的
英语能力提升就会非常快。Mandy 到美国最初的 3 个星期，
放学回家倒头就睡，因为她的大脑里实在承受不了那么多
语言的转换，一会儿要把中文换成英文，一会儿又要把英
文换成中文，她的大脑太累了。Mandy 之所以这样，是因
为她没有形成英语思维。而在寄宿家庭的英语环境中，非
常有利于小留学生们快速形成英语思维。

3. 了解社会的多样性

不同的寄宿家庭，由于职业、家庭收入、种族等的不同，会导致生活条件、生活方式、人际关系都大不相同。住在寄宿家庭里，你能非常真切地看到这些，了解美国的多面性。比如 Mandy 住过的两个寄宿家庭，差别就非常大，这使她打破了之前对美国人的刻板印象，原来美国一些家庭的生活并不像她想象的富裕安稳。

主要挑战

1. 孤独、想家

对于一个初到异国他乡的十几岁的孩子而言，住在寄宿家庭最主要的挑战就是孤独和想家，这是一种难以用语言表达出来的思念之情。有时候想到回家这件事，就感觉像是有人把你托起来似的。

2. 饮食习惯

很多人刚到美国，都会遇到饮食问题。因为饮食习惯差异很大，很多人也确实找不到什么合胃口的饭菜，所以我建议大家一定要尝试自己做饭。

3. 寄人篱下的感受

住在寄宿家庭，也就意味着你住在别人家里。虽然你给他们付了钱，没有亏欠他们，但是那毕竟不是自己的家，不是自己的父母，你一定不会像在自己家里那么自在，没有那种自己是主人的感觉，做事情会有所顾虑。总之，就是会有一种寄人篱下的感觉。

第四节　其他留学住宿方式

寄宿学校

寄宿学校对留学生来说，也是一个不错的选择。因为在寄宿学校，随时随地，身边都有人陪着。上学的时候，有老师、同学，放学之后，身边有室友、宿管老师。而在寄宿家庭，放学之后，身边常常没有人陪，因而你会觉得很孤独。

此外，在寄宿学校，你一直处于学校的管理之下，这会促使你更加自律、更自立。如果家长觉得自己孩子的自律和自理能力都不是那么好的话，寄宿学校是更合适的选择。因为在这一点上它更加有保障，相对来说也会更少出问题。不过，寄宿学校的申请条件通常比走读学校更高。你可以登录相关网站，了解目标学校的具体申请条件。

与家人一起居住

如果孩子太小，或自律性很差，以及存在其他影响孩子学习的原因，需要家长时刻关注的，就建议家长和孩子一起长期居住，陪孩子一起学习。

此外，如果孩子未来计划在美国长期发展，那么就要思考如何才能支持孩子更好地适应美国环境。比如，我刚来美国的时候，父母带着我去参加各种各样的活动，我每周都要去几趟公园，去几趟图书馆，这些在寄宿学校，或者寄宿家庭中，很难做到。这些活动对我有很大的帮助。通过这些活动，我更快地适应了这里的环境。

父母如果不能长期在美国陪伴孩子，可以选择先陪孩子几个月，跟他一起度过艰难的过渡期。

第五节　留学生活应注意的一些细节

如何适应过渡期

交朋友

刚来到一个陌生的国家，你可能完全没有朋友。

虽然我在中国时跟别人沟通没问题，但是刚来到美国时，我发现自己很不适应，觉得自己的社交能力真的很差。再加上我稍微内向一点，所以很长一段时间，我感觉交不到合适的朋友。我也是慢慢摸索，才找到了一些交朋友的方式。我的办法是，多去公园、图书馆等公共场合，拓展自己的社交范围，提高自己的社交能力。此外，交到志同道合的朋友的另一个好方法，就是去补习班、兴趣班。因为在这些地方遇到跟自己年龄相仿的、兴趣相同的朋友概率更大，交往就会更顺利。

另外，还可以做社区服务。做社区服务，不仅能够培养你的社会责任感，而且也是找到志同道合朋友的有效途径。积累社区服务时长，对申请大学是很有帮助的。美国大学很看重志愿者服务时长。

过语言关

语言问题是很多留学生会遇到的问题。我刚开始就深受语言的困扰。于是父母帮我报了语言培训班。其实，英语的语言环境会有一种潜移默化的影响，你也不知道怎么就学会了这里的语言。所以，即使是英语基础不好，也不用太担心。

刚开始的时候，我的班里大概有 1/3 的同学都是华人，但我们用英语交流，这对我过语言关的帮助也很大。当时，我似乎忘记了自己是在学英语，因为说英语成了我日常生活的一部分。

真正想要把一门语言学透，一定要在这门语言的环境中多说多问，多跟老师互动，尤其是不要害怕犯错误。

有的中国留学生只跟自己国家的留学生交朋友，不太讲英文，因为讲中文很方便。但这样对提高自己的英语能力是没有帮助的。你一定要克服困难，多说英语，因为闲聊也是在增长你的英语能力。

除此之外，读英文书、听音乐、看英文电影和电视剧，这些对学习英语都是非常有帮助的。

过文化关

去美国留学，不仅要适应他们的语言，也要适应他们的文化。刚开始的时候，我什么都不敢说，什么也都不敢做，只是一直观察他们，看他们怎么做，我就怎么做。因为我不清楚什么是合适的，什么是不合适的，也不清楚他们的界限在哪里。前两三个月，我就一直在观察他们，于是知晓这个行为是可以的，那样做会被看作不礼貌。我觉得，小留学生最初都会经历这样一个过程。

多了解他们的节日活动，对我们的生活非常有用。比如万圣节，就是一个很特别的节日。万圣节时，家里一定要准备些糖果，因为晚上，社区里的孩子都会结伴到各家要糖果。

美国学校布置的作业，形式可能与你在国内时差别很大。Mandy 刚刚进入高中的时候，第一次历史课的作业完全不知道该怎么做。她记得当时布置的作业是写一篇论文，于是她就跟老师说，自己真的不会写，需要帮助。所以，在学习上，你需要更多的时间去适应这种差异。遇到问题，需要支持和帮助，你一定要大胆表达，老师们一般都很宽容。

美国普通家庭的结构

在美国家庭中，多个子女的情况比较常见，因而你的美国同学大部分都有兄弟姐妹。

一般情况下，他们不会和爷爷奶奶、外公外婆住在一起，也不会和任何亲戚朋友住在一起。他们长大了，也是要搬出去单住的，只有过节或者父母过生日的时候回家团聚。家人在经济上划分得很清楚。比如 Mandy 的第二个寄宿家庭的姐姐 30 多岁了，和她的妈妈一起出去吃饭，都是 AA 制的。这在美国非常常见，而在中国，AA 制通常不会在这样的家庭聚餐中使用。这也是一种文化差异。

一般的家务，比如洗衣服、洗碗、整理屋子，这些都是要自己做的，没有人会帮你做，大家都很独立。

在这里学习，我有一个深刻的感受：不管处于任何年龄阶段，不管是什么社会地位，大家都会互相尊重。比如，对待家里的园丁，我爸爸每次都会说："先生，你如果方便的话，可不可以把这个花盆搬一下？"

另外，他们对于私人空间也极度尊重。Mandy 很久没有回寄宿家庭住。有一天，Mandy 回去拿东西，寄宿家庭的妈妈跟她说："Mandy，你能不能把你房子里的窗户关一下？因为实在是太冷了。"Mandy 很奇怪，心想为什么要我去关窗户，你自己直接关上不就好了吗？接着寄宿家庭的妈妈又说："我那天无意间看到你的房间窗户是打开的，但是我最后还是没有关掉你屋子里的窗户，为了避免风吹进来，我只是在门缝间垫了一条毛巾，把门缝给挡住了。因为这是你的房间，我不能贸然进去，所以还需要你自己把窗户关一下。"最后，Mandy 自己去关上了屋子里的窗户。

上下学的通勤方式

在美国上学，到校方式通常有如下几种。

住在学校附近的同学，会步行或骑自行车上下学。远一些的孩子，可以选择乘坐校车。孩子可以自己走几步路到自家附近校车接送点，坐校车上下学，也有一些家长会陪较小的孩子去校车点等校车。当然，还有些父母会自己接送孩子上下学。此外，在美国，16 岁就可以考驾照，但通过后不能够独自开车，必须有人陪同才能够上路行驶。考试通过一年以后可以获得正式驾照，拿到正式驾照后就可以独自驾车上路行驶。因此，有的孩子自己开车上下学。

不建议选择公共交通上下学，这里公共交通的安全性和便捷性，完全无法和国内相比。

饮食

美国人日常饮食比较简单。比如墨西哥卷饼，在加州超级火爆。我很适应这种很简单的饮食方式。我们家的晚餐，经常是中西合璧的，也没有什么讲究，很简单。

在美国，有各种各样的餐馆。我们学校旁边就有越南餐馆、美国餐馆、意大利餐厅、日本餐厅等，选择非常多。但是如果你想吃更加正宗的中餐，还是要去华人区。比如那边的粤菜就非常好吃，Mandy 甚至说比她在老家重庆吃的都好吃。但是我们住的区域，白人多一些，很少有很好吃的中餐。

在美国，也有中式快餐，叫熊猫快餐，是被美国化的中国菜，我觉得做得太差了，但是美国人都非常喜欢。

Mandy 在寄宿家庭里，也会经常点一些中餐外卖。中餐外卖挺丰富的，有饺子、炒菜、米饭，这些都还不错。其实美国人也挺喜欢中餐的，所以他们不会介意你吃中餐，他们会陪你一起吃。

在美国，一般晚餐都是一个家庭非常重要的正餐，也是一个可以跟家人一起分享的时间。因为早餐很匆忙，吃得很快，中午各忙各的，没有人在家里吃，所以晚餐就是唯一的、重要的聚餐时间。

社会基本礼节

在美国，日常生活中，你需要了解这个社会约定俗成的、最基本的规矩。首先，要给别人合适的称呼。比如，在中国，不认识的、年纪比我们大些的人，我们通常可以叫叔叔、阿姨，或哥哥、姐姐，总之，尽量往年轻叫。但在美国，你可能只有两个选择：一个是先生，一个是女士。

其次，注意拜访的规则。在中国，串门很正常，有时候我们也会在事先没有打招呼的情况下去，这最多是不太礼貌，并不会被认为是入侵者之类的。但在美国，如果你要去拜访别人，不能不打招呼就去。如果你贸然去了，别人甚至会以为你是入侵者，可能会发生误伤事件。因为在美国，几乎每家都有枪，比如我家的枪就放在门口，以防备入侵者。所以有事情需要拜访，还是要提前打好招呼，约定好见面的时间和地点。

还有，要与不认识的人保持社交距离，要尊重别人的宗教信仰、种族、性别、民族、性倾向等。我跟一个刚认识的人交流时，都是小心翼翼的，我不能评判他的外貌，也不能根据他的外貌，去揣测他是一个什么样的人，不能轻易下结论。

社会治安

美国的环境安全，完全不能和国内相比。

首先，美国全民可持枪，一定不要做一些可能惹别人不高兴的事情，因为假如惹得别人不高兴，他可能立刻就会拔出枪朝你射击。我们家房子的前主人，就是因为跟邻居借了点钱，晚还了一部分，邻居就非常生气，像黑社会一样，拿着枪闯进了他家。因此，我们住进来之后，更换了大门的方向。

其次，天黑了别出门。在中国，城市的夜晚很热闹，也很安全。大街上，商场里，人头攒动；广场上，人们欢快地跳起广场舞。可以说，中国城市的夜晚，让你感受到的是祥和幸福。但在美国，大部分区域，天一黑，你出门就很不安全。虽然有些区域可能会好点，但天黑了最好还是别出门。通常稍微富裕一点的区域，相对比较安全；贫穷一点的区域，安全性相对较差。

Mandy 住在寄宿家庭的时候，晚上就会听到很多警笛声，有时候还会听到枪击的声音。现在她和自己的爸爸妈妈住在一起，并且换了一个地方，晚上就非常安静，很少听到警车的声音。

我住的地方离大城市有一段距离，其实出去也没什么好玩的。这个区域，自然环境非常好，晚上可能会有野生动物出没。我曾问爸爸妈妈："我们刚来的时候你们最怕什么？"妈妈说："我怕语言不好，不适应。"结果爸爸说："我怕你被狼叼走。"虽然这是一句玩笑话，但也不完全是。

热点问题汇总

1

Q：什么样的孩子适合去国外学习？

A：首先家长要愿意支持孩子出国学习，其次孩子也要感觉自己适合这个国家，自己要有内驱力。如果是家长逼着孩子出国学习的话，其实最后大家都会很不开心。孩子要有内驱力，才能坚持下来，因为出国留学并不像想象的那么轻松，其实还是很艰辛的。

此外，孩子一定要有自控能力。如果你的孩子在国内你都很难管得住，最好还是不要让他出国留学。如果你的孩子自控力强，很独立，并且家里有一定的经济基础，你可以考虑让孩子出国留学。

2

Q：美国很多地方的交通出行是不是不方便？

A：美国的公共交通没有中国那么便利。我住的橙县（Orange County，也译作奥兰治县），连地铁都没有，目前整个美国一条高铁线路都没有。其他地方虽然有地铁，但是非常旧。所以大家平时开车比较多，坐公共交通比较少。在美国 16 岁就可以考驾照，大部分人会选择在 16~18 岁时考驾照，以便自驾出行。

3

Q：寄宿家庭的收费是多少？

A：美国不同的区域、不同的州、不同的家庭，收费水平差别比较大。通常大城市收费要高一些，中小型城市收费相对就低一些；住在公寓的家庭收费低一些，而住在别墅（house）的家庭，收费就高一些。我刚开始居住的洛杉矶，寄宿家庭的费用一般为 1800 美金 / 月，一年按 10 个月收费（还有 2 个月孩子回国，不住在寄宿家庭），一年大概就是 18000 美金。

4

Q：寄宿家庭会帮助教育孩子吗？

A：寄宿家庭会不会帮助教育孩子，这要看具体情况。一般情况下，寄宿家庭的监护人当然会比家长管得松，毕竟你不是他的孩子。孩子做不做作业，寄宿家庭通常是不会管的，所以家长需要提前培养孩子自律和独立的能力。
正常情况下，当孩子需要生活上的帮助时，寄宿家庭一般
还是会提供帮助的。

5

Q：更建议居住在华人多的地方，还是华人少的
地方？

A：我刚来的时候，是住在一个华人很多的区域，包
括我爸爸的很多朋友都住在这里，我和他们的孩子都是从
小一起长大的。但是现在我们搬到了一个华人非常少的地
方，我们家可能是整个社区唯一的中国家庭。大部分人会
感觉在华人多的区域更舒服、更容易适应；而有的留学生
想要居住在更具挑战性的地方，拥有更多学习的机会。所
以具体如何选择，完全取决于你自己的需求。

第 2 章

如何快速融入
留学校园生活

　　我刚到美国时，也遇到了生活、安全、环境等诸多问题，而且在很长时间内，都处于很迷茫的状态。但是随着时间的推移，我慢慢适应了这里的环境，目前已经完全融入了美国的生活。

第一节　树立学习目标

陌生的环境，从迷茫到自信

　　出国学习，是个人的选择。如果你想到美国学习，希望我的经验能给你一些帮助。

初来乍到

美国是个多民族、多种族的国家。这里有各个国家的各色人群，他们具有不同的视野。在美国你会感觉，无论在哪里你都会找到跟你文化相同、观点一致，愿意和你交朋友的人。

在这里，老师通常都会比较宽容，允许学生犯错误，也会坦然接受学生犯错，当然也会督促学生去认真改正错误。每个人都会犯错误，但只要从中学习并成长，就会最终走向成功。

课堂上，老师往往都是以学生为中心，支持学生多进行合作和互动。比如我的物理课，老师可能在 1 个小时的课程时间里，只讲授 20 分钟，剩下的时间都是由我们自己进行讨论。

教室里的课桌摆放比较随意，我们学校是摆成一个圈，方便同学之间面对面进行互动。白板在我们身后，根本就不需要看。老师会绕着同学们，抽出时间跟学生们一对一地交流。

学生有任何关于学习或生活的问题，都可以找老师帮忙。大多数老师都有自己的办公时间，他们一般都会告诉学生自己什么时间会在办公室里，学生可以在指定时间内去找老师，以获得任何关于课程的额外帮助。

关于课外活动，我曾参加过一个金融俱乐部组织的与加州财务部部长沟通交流的活动。我是这个俱乐部唯一的女生，我加入这个金融俱乐部也是因为我想要多体验、了解美国。

鼓励你发现自己的个性

美国老师都会鼓励你发现自己的个性，你只要有一技之长就可以成功。

我在高一的第一堂课，历史老师给我留的作业是回家发一张自拍照给老师，于是大家照了各种各样的照片发给他。有微笑的，也有搞笑的，有的人和自己的宠物合影，什么样的自拍形式都有，这就是为了展示每个人的个性。我发了一张喝咖啡的自拍，因为我喜欢咖啡，很多时候咖啡都不离手。刚开始一两天的很多课，都会有类似的环节，让大家展示自己的个性。很少会有人觉得你的个性不怎么样，也很少会有人觉得你不应该喜欢某些东西。你在这里肯定会找到适合你的群体。

作为学生，考试、成绩当然比较重要，但是许多老师都会强调你必须重视过程，而不是只专注自己的结果。考试后老师会发布成绩，但自己的成绩只有自己才能看到。

我的化学老师毕业于加利福尼亚大学伯克利分校，他说自己当时晚上常常学习到凌晨 2 点，他的成绩很好，每次考试他都非常认真地对待。但是当同学们问他在大学的时候什么真正帮助了他时，他却说很多事情自己已经不记得了，他唯一记得的是，在大学的时候跟朋友一起复习考试，一起度过的所有时光。

美国公立学校与私立学校

美国有公立学校和私立学校之分。

美国公立学校招生通常遵循的是"就近入学"的原则，大多数情况下，你住在哪个学区，就可以去上这个学区的公立学校。美国公立学校基本没有什么入学门槛，只要孩子在学校所在的学区里居住，并达到入学年龄，就可以入

学。公立学校开设政府指定的标准化的课程，使用统一的
教材。但是，除了美国公民及拥有美国绿卡者外，其他人
是不可以就读美国公立学校的。

所以私立学校成了大部分留学生的选择。

我小学三年级来美国的时候，上了离洛杉矶区域更近
的公立学校格林尼小学。后来我们一家搬到橙县，我先在
这里上了一年的公立初中，后又转到了私立初中，现在在
上私立高中。不能简单地说，公立学校不好，私立学校好，
还是要看具体的学校。就我个人的经历来说，我在公立学
校，对作业和考试没有那么认真，有时候看到别人没有交
作业，我也就不交了。虽然公立学校里也有很多学习好的，
但是整体比重不如私立学校高，因为私立学校的入学要求
更严格，通常学校的学习氛围也更好，大家的学习成绩自
然也好很多。

我六年级的时候还在公立学校上学，成绩很不好，大
概是两个 A、三个 B，还有一个 D。当时我非常不开心，
没有自信，我自己也觉得没有付出足够的努力。转到私立
学校后，在大家都积极向学的氛围下，我和同学们一起努
力，我发现，我学习更用心了，成绩也很快就赶上了。我

从六年级的两个 A，变成了所有课程都是 A。我现在仍然认为，从公立学校转到私立学校，是我人生中变化最大的一个时期之一。

美国中小学的特点

如果你想早些到美国留学，我个人认为，小学到中学之间的一个时间段是较好的选择。比如可以选择六年级毕业，那时候初中刚开始，所有同学都是第一次到一个新的环境，一起上初中，适应起来就会相对容易。

小学

小学会给学生发现自我的时间，孩子可以尽情地玩，并从中获得基础的学术技能和基础知识、社交策略来帮助他们以后的学习。

美国小学跟中国的小学一样，也有固定的班级、固定的同学。小学生补习班其实也挺多的，但是我觉得没有太大作用。如果想要补习功课，还是从初中开始最适合。

初中

美国初中更多的是让学生去探索和选择，并缩小他们需要追求的特定技能的范围。美国的学校从初中开始由学生自己选课，如果哪门课程成绩不太好，也不用太担心。因为初中的成绩不会算到 GPA（Grade Point Average，平均学分绩点）里，申请美国大学，并不会看初中的成绩。所以初中成绩不太好，并不会对大学录取造成影响。

美国学生从初中开始跑课。所谓跑课，也就是说学生没有固定的教室，有固定教室的是老师，学生根据课程表在不同的教室中来回跑，不停地更换着教室去上课。这个固定教室，一般也是老师的办公室。学生遇到问题的时候，也可以去教室找老师。

初中虽然有班主任的概念，但是班主任其实不是自己的老师，学生可能一周只会见到班主任一两次。

大部分人都会觉得，美国的初中是一个帮助学生从小学过渡到高中的阶段。

高中

高中就是学生为上大学做准备的时间，学生自己需要在高中期间提高自己的 GPA 成绩，多参与课外活动；多去体验感悟，多参观大学校园，为申请大学做准备。因为美国的大学，不是只看考试成绩录取学生，还会考查学生的课外活动，比如科研活动、竞赛经历、社团活动、街区活动、创业活动或者志愿者经历等，这些都很重要。此外，要想提高 GPA 成绩，还可以多在寒暑假参加线上或线下的补课。

高中也是让学生缩小兴趣范围的时候，不过高中时间紧张，大家最好在初中就发现自己的兴趣点，然后在高中深耕下去，做出成绩。有的人到了高中才发现自己的兴趣所在，再去参加一些与大学申请相关的活动，可能为时已晚。兴趣方面，一定要尽早发现，及时准备。

高中阶段，我想给大家最重要的建议是：多注意小细节。因为每一项作业、每个测试、每个项目、每次考试，都会进入成绩册里，期末考试一般占课程总成绩的 20%，有时候还会更低，就比如我的数学课，期末考试成绩只占课程总成绩的 10%。虽然一个小成绩不会影响太大，但是我们仔细想一下，得 89.9 分，就是 B 的成绩，而 90.0 分，就是 A 的成绩。相差虽然只有 0.1 分，可能就是因为某项作业没有做好，而得到低一个等级的成绩，这是很多高中生都会遇到的一个很无奈的问题。所以我建议，我们必须要从进入高中的第一天起，就认真对待每一项作业、每一次测试、每一个项目。

Homecoming（返校日）也是美国高中我很喜欢的活动。具体活动安排，每个学校不一样，同一个学校，每次活动安排也会不同。不过通常都会举行橄榄球赛或一些庆祝活动表演等。我参加了学校的舞蹈队，返校日当天，大家都穿着漂亮的裙子去参加活动。我第一次参加这个活动的时候，觉得真的很开心。通过这样的活动，我认识了新学年的老师和同学。

美国校内校外的安全问题

美国确实没有中国安全。在美国，每个州、每个城市、每个城市的不同区域，以及具体到每个学校，安全情况都不一样，这些都需要自己考察、判断。尤其是近年来，美国校园枪击案频发。与公立学校相比，私立学校在安保投入上通常更高，也更安全。你可以参考美国犯罪率地图或相关的 App，上面会显示美国各地的治安情况，有的 App 详细到每个街区的治安情况，可以更好地帮助你做出选择。

在美国，为了自身安全，除了避开不安全的区域，也要养成良好的习惯，掌握自我保护的基本常识。每一个人都要学会如何与社会上的人相处，对人一定要有基本的尊重，不要走极端，不能轻易与别人发生冲突。

此外，是否安全，也与学生本人有关。那些专注学习的学生最安全，因为他们的精力都放在学习上，也不会到处惹是生非。而不好好学习的学生，晚上到处乱跑，去酒吧，爱做有风险的事情，所以他们遇到不安全因素的概率也会提高。

第二节　申请美国中学、大学

申请一所真正适合你的中学

　　申请美国的初中、高中学校，20% 的工作，可以靠一些中介来完成，剩下 80% 的工作，要靠你自己去了解目标学校是否适合自己。

　　对于申请美国的初高中学校而言，Niche 是一个很重要的网站，该网站上有很多美国初中、高中学校的信息，比如学校的简介和排名、课程设置、老师和学生对学校的评价，以及各个学校的学费等相关信息。所有学校都可以在网上申请，你要做的，就是花时间了解并决定哪所学校真正适合自己。

申请美国大学需要准备的材料

　　美国大学可能最为看重的是高中的 GPA 成绩，以及个人的班级排名，这是在申请大学时，排在第一位的。其次是看荣誉课程（honors program）和大学预修课程

（advanced placement，AP），通过这些看你的选课难度。

此外，还要看你高中参加了什么有挑战性的课外活动。比如我在洛杉矶的时候，参加了国际桃李杯舞蹈大赛中国民族团体舞比赛，获得白金奖，这对我申请大学是有帮助的。

你还可以尽可能多地参加社会活动。这些工作经历表面上看起来对大学申请好像没有太大帮助，但其实，能完成每周的工作量，同样可以证明你是一个有能力、负责任、能做好时间管理的人，因而都会对申请大学有一些帮助。

准备美国高考SAT(学业能力评估考试)或ACT（美国大学测评系统)的成绩。但对这两种成绩，不同的学校有不同的要求，你一定要详细了解你想要申请的学校的要求。

申请大学还需要升学指导老师的推荐信。这个指导老师可以是你的高中老师，甚至校长。权威人士的背书能增加录取机会。

在申请大学时准备一篇好的文书非常重要。我有一个朋友，他的成绩各方面都很优秀，但是最后却没有进入理想的大学，原因之一就是他的文书没有充分展现他的优势。当然，文书并不是申请美国大学最重要的，但有的时候如果你没有一篇好的文书，确实会降低你进入理想大学的机会。文书的最终目的是营销自己，一篇好的文书虽然不能改变乾坤，但是可以锦上添花。

关于美国大学申请的更多技巧，在第 3 章中有详细阐述。

GPA 成绩

GPA 是申请大学最重要的一个部分，因为它能够展示高中 4 年来学生付出的努力与收获，是评估学生能力的重要标准。

GPA 的成绩中，一门成绩差，对整体不会有太大的影响。但是很多时候我们会遇到这样的情况：这门课程的成绩正好在 A 和 B 的中间，也许只差 0.1 分，但等级完全不同，多 0.1 分是 A，少 0.1 分就变成了 B。

GPA 的计算，是将学生修过的每一门课程的课程绩点（等级成绩）乘以该门课程的学分，累加后再除以总学分。

常规课程的学分满分是 4 分，而一些高级课程，如荣誉课程、AP 课程，单科学分满分可达 5 分，甚至 6 分。等级的成绩大概是：A+ 是 4.0，A 是 3.7，A– 是 3.5，B+ 是 3.3，B 是 3.0，C 是 2.0，D 是 1.0。

提交大学申请的时候，大学首先看 GPA 成绩，再看具体到每一门课、每个学期都得到了什么成绩。成绩单还是能非常详细而全面地反映学生 4 年所学成果的。

SAT 与 ACT

SAT 和 ACT 都是美国大学用来测试高中生是否适合升入大学的标准化考试。SAT 和 ACT 都相当于美国的高考，但并不能等同于中国的高考。

SAT 考试总时长 3 小时 50 分钟（230 分钟），共有阅读、文法和数学三个必考科目和一个写作选考科目。ACT 考试时长 2 小时 55 分钟（175 分钟），考试科目包含英语、数学、阅读、科学四个必考科目和一个写作选考科目。

SAT 与 ACT 的区别主要有两点：一是 SAT 有填空题，考生需要有相当好的词汇基础，而 ACT 有科学，考生需要有较强的逻辑思维能力；二是 ACT 题目简略，但需速度快，而 SAT 题目偏难，但考试时间较长。

大概 53% 的美国考生会考 SAT，47% 的考生会考 ACT。美国中部一些州更喜欢考 ACT，但是在美国的东西海岸，以及南边的大多数州，考 SAT 居多。

但是，当你登录任何一所排行前 50 的美国大学网站，查看本科录取条件时，你会发现，美国大学需求的是 SAT 或 ACT 成绩，在两者之间并无偏好。有些大学在入学条件上并不强制要求提供 SAT 或 ACT 成绩，学生可以用其他成绩来代替。总之，在申请大学时你需要仔细查阅该校的入学条件。

第三节　我的校园生活

疫情对学生的影响

客观而言，美国的疫情控制很失败。目前，在美国可以正常上学，不用太担心。现在，疫情已经成为我们生活的一部分。感染了新冠病毒的学生，要在家休息，恢复健康后可以回到学校继续上课。

虽然现在新冠病毒的致病力下降，但是，为了自身的健康和安全，一定要接种疫苗，并在日常生活中注意保持个人卫生。

我的校园学习生活安排

如果你认为美国学生的日常生活很放松，不需要做太多事情，没有太大压力，那么我想说，你的这种想法可能是错误的。表面上看，学生除了睡觉、上课、写作业，还有很多空闲时间。有些人选择刷视频、玩游戏，但是也有一些人会选择用这些时间来补习、打工、创业，或者进行社区服务，为大学申请做准备。前者空闲时间真的很多，而后者，可自由支配的时间可能就不多了。

以我就读的学校为例，一天常规安排有 5 节课，其余的是选修课。一般早上 8:30 开始上课，每节课 1 个小时，中间还有班主任聚会时间、午餐时间等。

关于选课，我们一年最多能选 7 门课，但是大部分同学只会选 6 门课，留下一门课的时间来做作业，问老师问

题。当然，也有很多人会在这个时候，选择做一些公益
活动。比如我就利用这个时间，参加了学校的代表团，负
责为学校的新生，或想要参观校园的学生介绍我们学校和
课程。

一般来说，学生都会在十一年级修完必修课程，十二
年级选择一些自己喜欢的课，助力大学申请。

课程的选择有很大的灵活性，但是要考虑这些课程是
否真的适合自己，以及自己是否有兴趣。我觉得一门课最
重要的就是自己喜不喜欢，如果真的不喜欢，你可能会学
得很痛苦，且没有成就感。比如我不太喜欢物理，我就没
选 AP 物理，因为我自己看着就头疼，所以我做了一些别
的选择。

当然，所有人都会想要选简单的课，因为课程越简单，
压力就越小，考试也没那么难，感觉轻松一点。但是也不
能全选简单的课程，毕竟大学会根据高中所选的课程，来
判断你是否符合他们的要求。所以要在课程的难易度和自
己的兴趣之间，找到一个平衡点。

热点问题汇总

1

Q：如何申请对应的年级？

A：美国的小学有五年制的，也有六年制的。我目前住的这个区域，小学都是五年制的，国内的小学六年级，在这里就算初中了。但是我认识的一个朋友，他所在的佛罗里达州的学校，六年级还算是小学。有很多小留学生来到这里，如果刚来的时候月份不合适，就会选择往后推迟一个年级。

美国每个学年一般都是三四月份开始申请。在申请学校前，我建议可以多做一些功课，充分了解你要去的学校需要准备什么。如果你要去的是一所私立学校，要准备一些申请书，可能还需要你的中国老师的推荐信，因为转学都是需要推荐信的。我建议提前寻找、准备一些能够帮助你申请学校的资源。

2

Q：来美国上学对英语水平有什么要求？

A：美国是说英语的国家，所以需要掌握日常交流的基本口语。

但是，即使刚开始你的英语水平不够好，也不用过于担心。校内校外都有很多补习机会。比如我刚来美国上小学的时候，就上了一个学校提供的补习班，每周上两次课。

我也是到了美国英语口语才得到提高和巩固的。相信我，有了语言环境，你的口语进步会很快。其实，刚开始英语说得不够好没关系，美国的移民来自四面八方，很多人的英语口语水平可能还不如你，在语言上，大家都愿意互相包容。

3

Q：美国知名高中信息怎么查询？

A：我了解高中信息的时候用的是 Niche 这个网站，我觉得非常有帮助。网站会把各个高中的排名发布在上面。并且它会根据不同的分类，有不同的排名。比如哪个学校体育最好，哪个学校学术最好。也可以查看高中的区域性排名，比如在加州最好的高中是哪些，洛杉矶最好的高中是哪些，旧金山最好的高中是哪些。我现在上的这所私立高中，就是我自己查询后决定的。有的学校很难申请，所以你一定要做好心理准备。

4

Q：假期都是怎么安排的？

A：学生可以选择好好利用假期补课，也可以选择多玩一玩。比如我在某个假期补了五周的化学课。因为我们学校开设暑假课程，允许在暑假几周的时间补完一整年的课程。这样的课程难度可想而知，压力还是挺大的。但如果想要提高 GPA 成绩，大家通常都会选择上暑假课。

上完化学课，我又用了两周上了一个健康安全课程。通常加州所有的学校都要求学生学习自我保护，以及面对毒品、枪支等的处理办法。

5

Q：怎么才能得到奖学金？

A：奖学金是需要申请的。如果你的孩子现在在高中，我建议赶快去申请。我们可以在 college board 这个申请大学的网站上，了解所有提供奖学金的机构信息，然后发邮件了解相关申请条件。

6

Q：学生可以打工吗？

A：我的朋友中，有很多人是自己打工贷款买车的。一些简单的工作，14岁就可以从事，比如星巴克、甜甜圈店的服务员等，这些都是美国法律允许的。我们学校很多学生都会去这些地方工作。学校旁边还有一个越南餐馆，也有学生去那里打工。整个美国社会对学生打工基本持鼓励态度。

很多家庭会担心，打工过程中会不会遇到危险。一般情况下不会，打工时做好分内的事，做好自我防护，基本问题不大。如果遇到纠纷，建议第一时间寻求法律帮助。在美国要善于利用法律保护自己，才不会被不良雇主拿捏。

如何提高成绩并保持

提高成绩并保持我觉得非常重要。大多数人不能取得好成绩的原因，不是不够聪明，而是没有掌握并运用有效的学习方法。我希望给大家分享一些我的学习技巧，帮助更多的人提高学习成绩。

第一节　如何提高成绩

想要提高成绩，在课堂内外，都有一定的技巧。

提高课堂效率——听的诀窍

预习

预习是非常重要的。课前提前把教材看一遍，是一个非常有效的提高成绩的方法。通过预习，你就会知道第二天的课上，大概会听到哪些内容，也能把自己不理解的内容进行梳理、标记，课上重点关注，从而提高听课效率。

不要一直告诉自己"要集中注意力"

从小到大，我们都被告知，要想成绩好，上课一定要认真听讲。于是，有些同学一到上课的时候，就会反复提醒自己"我要集中注意力，我要认真听讲"。可是，提醒了自己一节课，老师讲的什么反而没记住，成绩也不见提高。这是怎么回事呢？

没错，提高成绩最重要的一环，就是上课听讲。但是，认真听讲，并不等于在上课的时候反复告诉自己"我要集中注意力"。因为，大脑忙于告诫自己要专心的时候，很难分神去听老师的讲授。这样的学习，等于"一心二用"，事倍功半的概率比较高，往往使人疲惫不堪。

因此，正确的做法是，在觉察到分心的时候，及时将自己拉回来，而不是在上课的时候一直绷着弦提醒自己不要走神。但这件事情的难度在于，我们并不能及时发现自己开小差。所以，关于专注度的练习就尤为重要。

上课的时候，你如果发现分心了，可以先看老师正在讲什么，继续听课。课后整理错过的知识点，并向老师请教。这需要一个练习的过程。我建议从小就开始练习，并掌握这种把自己注意力及时拉回来的能力。只有掌握了这种能力，才能在上课时及时把自己从分心的状态中拉回来，提高听课效率。

见缝插针地休息

美国高中，一节课一般是 1 个小时，如果大脑一直在最大限度地高速运转，一节课下来，不仅很累，效果也未必好，所以在老师不讲关键内容的间隙，休息几分钟，看看窗外，发发呆，等等，这些都是可以的。但是如何见缝插针地休息？在什么情况下可以休息？我有几个小技巧与你分享。

1. 同学提问时

当有同学提问，并且这个问题的答案你知道，那么在老师回答这个问题时，你可以让自己休息一下。当然你也要注意，在老师回答问题之后，赶紧回到课堂。

2. 老师偏离主题时

如果老师偏离主题，除非你自己对这些内容很有兴趣，否则你没有必要去听，因为反正这些内容不会考，你完全可以在此时休息一会儿，养精蓄锐。比如老师在回答同学提问时，可能只用了 1 分钟时间回答问题，其余的 10 分钟都是在讲他自己的个人经历。在他讲个人经历的时候，你就可以见缝插针地休息。

判断内容是否关键的小技巧

千万不要在老师讲关键内容的时候走神，只能在讲非关键内容的时候放松。那么，问题来了，如何判断是关键内容还是非关键内容？

对学生来说，可以将关键内容看成新知识点。之前没学过的、没听过的，都可归于此类。

非关键内容分两种。

一种是老师分享自己的经历，讲故事。我现在的历史老师，经常讲着讲着就"脱轨"了，开始天马行空，讲一些无关的事情。这个时候，完全可以放松自己的大脑，等老师开始讲课堂内容的时候，再把自己拉回来。当然，有时候老师的故事趣味性很强，值得一听。

另一种非关键内容，就是老师已经讲过并且自己熟练掌握的内容。班里可能还有其他同学不太明白，老师在给他们讲解的时候，我们也可以稍微放松一下，毕竟这不是新的知识点。

所以，学会判断哪些是关键内容，哪些是非关键内容，让自己在课堂上适当放松，学习才会变得更高效。

当你掌握这种技巧的时候，你就可以在听课过程中游刃有余。

有问题一定要问

很多人在上课提问这方面，都会有隐隐的担心，害怕自己的问题比较基础，会被老师和同学瞧不起。千万不要有这种心态，我可以保证，会有人跟你有一样的问题，只是他不敢问。

我的建议是，不要害怕别人的眼光。通常情况下，老师都是鼓励学生多提问的，毕竟你的问题，也可能是其他学生的薄弱点。老师在课堂上通过对薄弱环节进行再次讲解，能够确保更多同学掌握该知识点，提高课堂效率。而且，课堂上解决自己的疑难点，比回家闭门造车容易得多。所以，无论如何，不要害怕提问。

此外，课堂上不要问跟课程完全无关的问题。比如，你在数学课上不要问历史问题。

有问题一定要问，对于一个学生来说，这是非常重要的。假如你上课实在不敢提问，下课后一定要去问。

提高课堂效率——使用课堂笔记的诀窍

课堂笔记的重要性

在美国上高中，你会听到很多人说"take notes"，意思就是写下来，这代表这些对你很重要，你要记下来。

1. 复习时节省大量时间，提高复习效率

课堂笔记的第一个好处就是可以为后期的复习节省时间。

上了中学以后，时间非常宝贵，这需要我们做好时间管理。一学期的内容很繁杂，如果复习的时候全部看一遍会非常花时间和精力，这时候如果有简明扼要且系统、全面的笔记可供参考，就能更有效地利用复习时间，提高效率。这种方法对平时的考试也同样适用。

2. 精炼你学到的知识，加深记忆

记笔记的第二个好处是可以进行二次记忆。笔记的本质是用精练的语言来表达你学到的知识。这样记笔记，你才会对知识点有深刻的记忆。

我们听课的时候，头脑里会形成一次记忆。当我们把所学内容写下来，就会形成二次记忆。

但是，做笔记的时候，不要照抄老师的 PPT。如果你只是照抄老师的 PPT，你可能就是眼睛看着，手抄着，没有经过自己思考，这样做笔记，对知识的理解和掌握帮助

有限。效率更高的记笔记方式是，经过思考，用自己的语言把课堂知识精华写下来。

所以，我们做课堂笔记，要在理解的基础上，把所学要点用自己的语言写出来，这本身就是一个二次学习的过程。当然，这是需要练习的，平时把基础打好，课堂上才能对老师的讲授及时反应、理解，再快速记下要点。如此，就能做出有用的笔记。

3. 记笔记对于 AP 课程非常重要

AP 课程考试是由美国大学理事会（College Board）统一主持的考试，考查的是这门课所有学过的知识，所以复习的时候，如果你有自己积累下来的笔记，自己学习过程中的难点、重点问题一目了然，复习的效率就会高很多。如果你没有这样的积累，只能看教材的话，就会浪费很多时间，大大降低复习的效率。

为每一门课找到适配的课堂笔记的形式

目前，在美国上学，记笔记通常有两种方式：一是用

电脑记录，二是用笔写下来。你可以选用自己喜欢的方式
记笔记。

1. 笔记案例 1——直接手写在材料上

我上化学课时，会选择将课程的 PPT 打印出来，然后
把笔记记在这些材料旁边。这样做的好处是，一方面方便
直接在上面圈圈点点，自己想写什么就直接写上去；另一
方面也节省时间，不需要再抄一遍材料，可以直接在材料
上找到重要的知识点，在旁边补充老师讲的重点知识的易
错点和易混点。

同时可以辅以画图，比如化学课有时就需要画图来做
笔记。示意图画出来，自己能看明白就可以，不必追求美
观。不过，你如果用电脑做笔记，借助绘图工具，就很容
易画出来。

2. 笔记案例 2——用电脑做笔记

用电脑做笔记，对打字速度有要求。对于打字速度快
的同学来说，这种笔记方式可以快速记下大量的知识，非

常方便。

用电脑做笔记，记录速度更快，非常适合用于像历史这样内容量特别大的课程，并且笔记基本上是纯文字内容，没有各种各样的公式。此外，用电脑做笔记容易存储，方便寻找，容易跟踪，并且清晰美观。手写笔记，有时因为写得太快，字迹潦草，到复习的时候再看这些笔记，有可能不知道自己当时写了什么，有什么问题。

但我要提醒你，千万不要把课上的时间浪费在给笔记排版上。如果你特别注重版式的美观，你可以课后再排版。我的同桌很爱把笔记排得花花绿绿的，很好看，但结果是一节课之后她还得找我补笔记。

用电脑做笔记，对打字慢的同学很不友好。所以，假如你真的要来美国留学，一定要学会英文打字。

3. 笔记案例3——举例模板

举例模板是老师自己设计的学案。老师把知识点放在一个文本框中，知识点的内容通常非常少，然后通过举例的方式，告诉学生如何解题，并给予学生当场解题的机会。

这样的笔记，直观地告诉学生如何解决问题，给学生在课堂上应用的机会，而不是只给学生理论知识。通常这种模板知识点并不多，重点在于告诉学生如何应用该知识，并能够举一反三。

这种笔记形式基本上只在比较难的课程上使用，常规课程很少采用这种笔记形式。

此外，这种笔记如果错过一两个步骤，你就可能会看不懂自己的笔记。所以采用这种笔记形式的时候，一定要好好听课。当然，如果真的错过几个步骤，一定要找同学或老师补齐。

4. 笔记案例 4——知识模板

知识模板与举例模板正好相反。举例模板知识点少，应用多；知识模板知识点多，应用少。可能两页知识模板，只有五行左右的应用练习题。

这种笔记形式很整齐，可以帮你有效地把知识点写下来，复习时也极其有效。缺点是涵盖的知识点多，但缺乏练习，需要你自己课后找一些练习题练习，才能熟练地掌握如何运用这些理论知识。

此外，这种知识模板跟老师上课时的 PPT 很像，所以很多同学都会照抄老师的 PPT，根本就不思考。我个人认为，这样记笔记作用有限。做笔记的过程，应该是眼睛看到，脑子想一想，手写下来。做笔记，一定要避免照抄老师的 PPT，一定要仔细思考。

5. 笔记案例 5——示范笔记

示范笔记可以说是案例模板和知识模板的综合，是知识点和具体应用的结合体。我个人比较推荐，也很喜欢这种笔记形式。以计算机科学笔记为例，老师会给出示范，告诉你如何写编码，然后，我在老师示范的编码旁边再记录知识点。这种笔记形式的优点是通过示范，直观地告诉你如何应用知识点，然后你把知识点记录在一旁，也有利于理论知识的掌握。

示范笔记也有与知识模板相同的问题，即有的学生会照抄老师的 PPT，导致无法真正学会知识。

提高课后效率

在美国，课余时间很多，你怎么利用这些时间？我根据自己的经验，总结了以下要点。

作业

放学回家后，首要工作就是做作业。美国中学的作业也分为两种——家庭作业（homework）和课堂作业（classwork）。课堂作业，是老师在课上带着你做的，只有家庭作业才是需要你自己回家做的。家庭作业包括平时作业以及复习考试或测试这两项。

比起复习考试或测试来说，平时作业在总成绩中占比没有那么大，但作用还是不可忽略的。我最开始没有重视作业的完成，结果成绩被落了下来，付出了惨痛的教训。而且，有的时候，偶尔不做家庭作业或者完成质量不高，最后总成绩被扣 0.1 分，看起来很少，但假如总成绩本来可以达到 90 分，却因为扣了这 0.1，变成了 89.9，瞬间就从 A 掉到了 B，那就非常遗憾了。全 A 的成绩单，和非全 A 的成绩单，在申请大学的时候是有区别的，甚至会影响大学申请的成败。再者，平时作业是非常重要的二次学习环节，能帮助我们查漏补缺，帮助我们在最终的考试中考出自己的能力和水平。

复习考试和测试比重较大，占总成绩的50%~70%，与之相比期末考试成绩所占比重算是轻的，只占总成绩的20%，有时可能还不到。复习考试不太像常规考试，以数学为例，它没有正确的答案可供参考，主要是帮助我们开拓思维。因此，针对这类考试，可以说没有正确的复习方法，只有有效的复习方法。我大概上高中了才意识到这点，在此之前我都不会正确复习。

对于平时作业，首先，你要明确作业的内容。其次，做作业的时候，要排除所有干扰。书桌上最好不要放任何与作业无关的东西。比如你把手机放在书桌上，如果同学来了一个信息，你们自然就会聊上几句，作业完成效率肯定会受到影响。最后，学会参考课堂笔记。此外，借助网络资源也很重要。遇到不太明白的问题，不要去猜，要学会合理运用资源，课堂笔记和网络资源都能帮助我们提高作业完成的质量。

认真完成作业对于课业是很有帮助的。因为它是老师有目的地推荐给你的一种练习，能够检验你对所学知识点的掌握程度，告诉你这门课需要你应用、提升哪种能力，帮助你及时查漏补缺。并且，很多课程的考试，也是基于老师平时布置的作业。可以说，作业是老师提供给你的一种学习资源，这些资源你一定要好好利用。

总之，家庭作业非常重要，我们一定要学会运用宝贵的时间和精力，保质保量地完成。

复习

复习的目的是巩固所学知识，减少你的学习死角，尽可能地避免狗熊掰棒子的情况发生。

1. 根据自己的情况做出计划

每天晚上复习之前，你可以先在脑海中过一遍自己今天都学了什么。比如今天的科学课听得半懂不懂，这就是及时的警告，自己明天要请教老师，把不懂的弄懂。

复习时，做好时间安排是前提，千万不要"学习 5 分钟，游戏 1 小时"，把复习的时间都浪费掉，等到考试的时候就会付出惨痛代价，一定要学会合理安排自己的复习时间。

首先，按照课程的重要性以及难易程度，排出优先级。比如，生物对我来说是最难的课程，我就会把生物排在最前面，用较多的时间来复习。其他那些对我来说相对容易的课程，需要的复习时间没那么多，就可以排在后面一点。复习本来就是一个查漏补缺的过程，掌握了这个优先原则，可以有效提高复习效率。

其次，每学习三四十分钟，休息一下。这也是我们这个年龄阶段大脑能集中注意力的有效时长。超过这个时间，勉强自己学习，往往事倍功半。而且休息之后，你也可以换个科目复习，换换脑子，这样也许能更有效地吸收知识。

最后，细化复习计划，把复习内容安排落实到每一天。比如一个单元有三个板块，那么一周复习一个单元。在这一周里，再把这一个单元的三个板块分成几部分，安排到每一天。这样你每一天都会非常清楚自己要复习什么，而且内容也不会太多，是可以当天完成的。每天持续复习，比临时抱佛脚，熬夜突击，质量更有保障。

2. 重视阶段性复习

阶段性复习，是要让自己及时搞清楚自己到底有哪些知识不懂。如果有不懂的，要及时请教老师，千万不要越积越多，不要把所有的问题都积攒到考试前再解决。

你可以给自己定一个阶段性复习周期，比如两节课、一周等。比如化学，我会每周复习一次，但是历史，我每天都会复习。

每过一个周期，就对这一阶段学过的知识进行复习，减少对学过知识的遗忘，也能及早发现自己的漏洞，及时补上。如果不进行阶段性复习，遗忘的知识越来越多，积累的问题也越来越多，想要在考试前一次性解决，几乎不可能。比如 AP 生物，是把三个学期的大学课程放到了两个学期的高中学，所以老师讲授的速度非常快。虽然我上课都能听懂，但是我没有好好利用在家里的时间，有效地复习所有的内容，结果考试那一天，还是忘记了很多内容。这是没有进行阶段性复习给我的教训。

3. 复习时管理好心态

管理你的心态，对于高中学习非常重要。因为有时你复习的时候，会发现很多内容都忘了，你会疑惑自己究竟学了什么，会有一种恐慌情绪，觉得自己是不是白学了，于是变得不自信、紧张等。我在这里奉劝大家，一定不要有这种心态。如果你有什么问题，阶段性复习时就直接去问老师。

总之，复习是你课后一定要做的一件事，因为它是巩固知识的最佳方式之一。

4. 利用你所有的资源

复习资源分内部资源和外部资源。

内部资源主要是我们平时做的笔记和课本。我觉得复习的时候从笔记入手是最有效的，通过查看笔记，我们能够把所学知识进行系统化的整理，从而更好地查漏补缺，所以平时做好笔记非常重要。在笔记不太明确，或者掌握得不够好的时候，就需要翻阅课本，回到相对应的章节，深入学习。

如果通过自己的学习，仍然没有完全掌握，我们就需要寻求外部资源。我认为，外部资源优先级顺序如下：

第一，同学。

同学之间，都是同龄人，没有代沟，所以沟通起来比较顺畅。比如我有几个同学，他们学习都很好，我们一起讨论问题的时候，常常能够找到很好的解决方法。

此外，同学之间理解问题的角度更容易被彼此接受，所以当有疑难问题出现的时候，也许同学的解释反而比较容易理解，便于沟通。而且同学之间互相讲解，也能帮助彼此巩固知识。因此，同学是一个非常好的外部资源。

于我自己而言，可能因为想要给老师留下好印象，所以在老师面前有些话不敢说，有些问题也不敢问，但是在同学之间，我就不会担心这个问题。

第二，老师。

同学之间无法解决的问题，就要向老师寻求帮助。这个时候，经验丰富的老师通常都能给出非常高效的复习方案以及解决办法。但是我为什么没有把老师排在第一位呢？因为老师可能给很多个班上课，时间比较紧张。这个时候，我们就要学会见缝插针。首先，准备好具体的问题，然后，在课前课后几分钟去和老师预约时间。在约好的时间，再带着具体的问题去找老师，哪怕只有几分钟，也能迅速解决我们的问题，得到我们想要的答案。千万不要漫无目的地去找老师聊，最后很可能聊了一通，却什么问题也没有解决。

第三，网络。

在美国上学，一定要学会充分利用互联网。你想要的学习资源和工具，基本上可以在互联网上找到。不过，学会利用网络筛查自己需要的材料，是一项需要磨炼的技能。

比如，网上通常有很多别人整理好的学科资料，只需要去相关网站浏览或者下载，就可以成为自己的学习资料；有一个图形计算器叫 desmos，能帮你画出各种各样的图，是非常好的数学学习工具；可汗学院（Khan Academy），上面有很多免费课程以及一些习题；网上也有在线的补习课程，如果有合适的科目和年级，也可以参加，老师也会在线答疑。

但是，上网找资料一定要注意，不要被网上五花八门的信息牵着鼻子走，不然很可能明明在为复习找资料，最后却花费大量的时间网上冲浪，什么也没学到。

第四，补习班。

个人觉得，在美国，补习班没有太大必要。如果平时认真上课，充分利用课堂和学校的资源，一般都不会有太大问题。但是，如果学校教育无法满足你的个人需求，还是可以寻求校外补习班帮助的。这个时候建议找一对一的补习老师，这样更有针对性，能提高效率。当然，如果要参加 ACT、SAT 或者各科竞赛，就可能需要上大课补习，毕竟那些考试是有统一标准的，最好进行系统化的学习。

5. 不同的课程，不同的复习方法

不同课程的复习，有不同的复习技巧，最重要的是适合你自己。

像语文、历史、外语这些科目，需要记忆、背诵的知识点很多，但这些背诵也是有一定技巧的。

比如词汇抽认卡，正面是一些单词，背面是解释。比如正面是英文，背面是对应的中文。我自己会说四门语言，我学习语言的时候，正面列西班牙语，背面列英语。我个人觉得这种词汇抽认卡还是非常有用的。大家可以去尝试使用，非常有效。

　　再比如笔记要有结构。我以前做的历史笔记就非常乱，老师怎么讲，我就按老师讲的顺序记下来，没有大纲，也不分板块，通篇是长串的内容和信息。没有整理的笔记，看上去乱七八糟，也不利于后面的复习，所以笔记的结构很重要。做好笔记的结构，复习的时候可以迅速、准确地找到相对应的板块，重点学习。

　　像数学、物理这样的科目，侧重解析能力。需要我们厘清原理，找到解题方法，充分练习。这些练习可以通过在网上下载的方式获取，也可以买一本专门的习题集。

　　在复习的过程中，如果遇到难题，应先尝试利用自己的内部资源解决问题，解决不了再寻求外部资源。这样的复习方法既锻炼了自己的思考能力，又巩固了知识点。

第二节　如何保持好成绩

自我管理诀窍

当成绩已经达到一定程度之后，如何保持？这里有一些日常的诀窍，它们可以让自己随时保持良好的状态。

自控

成绩的提升、保持，都源于自控。我们必须清楚知道一点，就是一旦上了高中，就不可能再像小学、初中那样，有很多时间可以娱乐。比如我小学和初中，都比较爱打游戏，但是到高中以后，学习非常紧张，完全没有时间打游戏。在一次成绩退步之后，我果断放弃了打游戏，一门心思学习。

可能有的人特别自信，觉得自己能做好娱乐和学习的平衡。游戏之所以被称为"电子鸦片"，就在于它的沉迷性特别强。稍不注意，几个小时就过去了，而这些时间本该用于专心致志地学习。所以千万不要对自己太过自信，一旦开始娱乐，很容易管不住自己。而管住自己，也就是自控，恰恰是保持好成绩最重要的一环。一个不能自控，不能适时舍弃娱乐，做好时间管理的人，是无法保持好成绩的。

以下是一些自控的方法，供大家参考：

1. 寻求外力帮助

刚开始，自控是很难的，而且面对诱惑，很多时候，我们是无法自控的，所以这时就需要外力介入。这个外力可以是父母，也可以是智能软件。比如，复习期间，可以把手机交给父母保管，或者下载智能软件，在一定时间内锁住手机或其他电子产品，专心致志地复习。

2. 多练习如何自控

自控能力可以提早练习，最好在时间充裕的年龄段开始练习，而不是等到高中了才开始练习自控。比如我从初中就开始告诉自己，每天下午6点前不玩手机。刚开始可能过5分钟，我就会想玩手机。通过一段时间的练习，我会慢慢地把不玩手机的时间延长到1小时。也就是说，我通过自控力练习，逐渐让自己对娱乐的欲望收放自如，而不是做欲望的奴隶。有了这种能力，更能专注于学习。当然，如果到了高中，还没有这种能力，还是直接寻求外力帮助更有效。

3.课外活动——自控力的升级修炼

如果觉得每天只是学习太枯燥，并且学有余力，仍然需要在课外保留一点娱乐活动，那么请尽量选择对大学申请有利的课外活动。其实书呆子并不是大学想要的，各方面全面发展的人才才是他们真正需要的。如果我们在选择课外活动的时候，既能兼顾自己的兴趣，又能对大学申请有助益的话，何乐而不为？而且，抽出时间从事课外活动，也是在完成学业的前提下进行的，这无疑对我们的时间管理要求又提高了，这何尝不是一种自控力的训练和提升呢？

控制心态

有了基本的自控力，下一步就是要控制心态。

1. 不要太过骄傲

假如一次考得好，就开始幻想自己天下无敌，飘飘然起来，过于自信，那么现实往往会给你一巴掌。因为人一旦骄傲，就会丧失基本的判断力，就会开始偷懒，不再扎实努力，成绩当然很快就会掉下来。所以，千万不要太过骄傲。考得好，开心一天两天，没有大问题。开心完了，就要懂得把自己适时拉回到现实世界，继续坚持之前正确的学习方法，稳扎稳打地走下去，脚踏实地地把每天该做的事情做好，把该完成的学业都一丝不苟地完成。只有这样，才能保证自己不飘，才能保证次次都是好成绩，最后凭着一张漂亮的成绩单进入理想的大学。

一定要记住，飘得越高，摔得越重。稳扎稳打，永远不会摔。

2. 不要太过焦虑

焦虑，其实是自己对未来的担心。担心是因为在乎自己的未来，表面看起来是好事，总比满不在乎整天游手好闲的好。但是一味地担心，却不付出实际行动去改变，就是一种严重的精神内耗，白白浪费时间而已。如果这种担心发展成焦虑，还容易引起心理问题，影响日常生活。

面对这种焦虑的情绪，要做的就是把焦虑转换成实际行动，转化为实实在在的学习计划。比如引起焦虑的是明天的一场数学考试，那么我们就把这种焦虑转化为今天的复习计划，按照计划一点一点地去实施。复习计划完成之时，也就是焦虑消失之时。因为这时，我们已经胸有成竹，能从容面对明天的考试。这也是我最常用的方法。

另外，成绩的提升也能缓解焦虑。焦虑，本质上是一种不自信引起的紧张。提升了成绩，提高了自信，焦虑的问题也就迎刃而解。

3. 学会释放压力

上高中之后，压力相比以前肯定要大得多。这时候一定要学会释放压力，才能让自己随时轻装上阵。

每个人都有自己释放压力的方式。当我觉得好累，人生没有希望的时候，我就会大哭一场。这样彻底释放情绪之后，我就会觉得其实也没什么大不了的，压力也没那么大了，整个人都好起来了。我的另一个方法就是听音乐。

我会躺在床上发发呆，听听音乐，然后慢慢地，就会觉得心情轻松很多。学会适时给自己解压，才能更好地把压力转换成动力。

此外，尽量不跟父母闹脾气，这一点尤为重要。很多孩子经常跟自己的父母吵架，其实完全没有必要。我们一定要学会控制自己的情绪。跟父母吵架，只会激化矛盾，增大压力，最终的结果就是影响心态，学习的状态也自然受到影响。

征服"不可能"三角

成绩、睡眠和娱乐这三要素中，一个人最多只能同时占两个，尤其是上了高中之后。这三者的实现都需要时间，然而，时间是高中的稀有物。很多时候你需要牺牲其中之一。如果想要成绩的话，首先肯定需要牺牲掉大段的娱乐时间，但小段的用于放松的娱乐时间还是要有的。

一些人会觉得，我才不放弃娱乐呢，就算成绩不好，我也不要变成只会睡觉、读书的书呆子。我建议你千万不要有这种想法，这种想法对你的未来完全没有任何帮助。

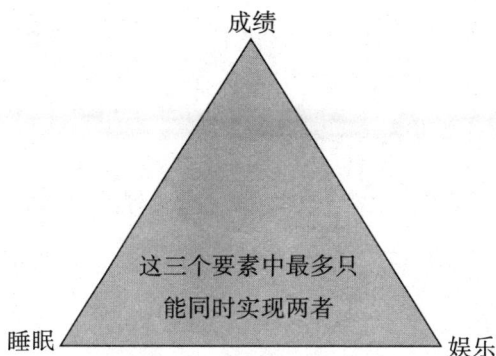

图 3-1 "不可能"三角

　　那么，剩下成绩和睡眠，是不是这两个就一定要两手抓，两个都不放弃呢？也不一定。成绩和睡眠，也是可以取舍的。睡眠永远是第一位，每天保证七八个小时的基础睡眠是非常有必要的。我这里所说的取舍，是在保证睡眠的前提下进行的。毕竟没有健康的睡眠，也就不会有健康的身体，没有健康的身体，可持续学习的基本条件就没有了，好成绩也无从谈起。当然，如果睡眠时间过长，就可以适当地舍弃一些。

　　成绩的取舍主要有以下两种情况。第一种，学习时间已经严重超过睡眠时间，又或者所有的科目成绩都不太好，需要学习的时间非常长，这时候我们也要做选择。精力严重不济的时候，需要放下学习，回归睡眠。第二种，多个科目成绩都不太好，那么优先选择擅长的科目去钻研，对成绩的提升更有帮助。

了解了睡眠、成绩以及娱乐这三者的关系之后，我建议做好每天的时间分配表。首先给自己一个"睡眠底线"，几点之前必须睡觉，然后从放学之后算起，到"睡眠底线"之间的这段时间，在优先保证学习的情况下，给学习和娱乐分配相对应的时间，并按计划进行。

制订计划的时候有几点需要注意：

第一，确保学习时间。

比如你可以学习 50 分钟，然后娱乐 10 分钟。这个时间比例，根据自己需要学习的时间来定。假如今天下课到睡觉之间有 6 个小时，预计作业需要 5 个小时来完成，那么剩下 1 个小时可以娱乐。这 1 个小时的娱乐时间可以有两种安排：第一种，穿插在每个小时的学习之间，可以在学习过程中适当放松；第二种，先苦后甜，把所有学习任务全部完成，再娱乐，这样可以有大块的娱乐时间。这两种方式都对自控能力要求颇高，如果不能有效自控：第一种，很可能玩着玩着就忘了时间，耽误了学习；第二种，长时间的学习容易枯燥疲惫，反而不容易完成学习任务。

第二，永远不要先娱乐后学习。

因为先娱乐后学习，对自控能力要求非常高，要求我们必须及时把自己从娱乐的旋涡中拉出来，去学习，这是非常不容易的，尤其是正玩到兴头上的时候。通常，先娱乐后学习的结果就是，顺着本性玩下去而耽误了学习。所以我非常不推荐这种方法，任何时候一定要把学习放在第一位。

综上所述，对于"不可能"三角，我个人总结了一个很简单的公式：

睡眠 > 学习 > 娱乐

掌握这个公式，能有效地帮助我们做好这三个要素的时间分配。

时间管理

其实时间管理并不复杂，它有些像驾驶汽车，需要我们遵守一些基本规则。

第一步：列事项

首先需要列出哪些事情需要进行时间管理。比如今天都上了多少课，这些课都留了什么作业，明天有什么课，明天有什么考试需要提前复习。可以把这些列在一张表上。我自己会专门用笔记本记下所有的作业、考试，以及所有的工作安排。好记性不如烂笔头，写下来就能避免漏掉需要完成的事项。当然这些事情记在哪里不重要，可以是笔记本、手机、电脑，关键是要记下来。

做完一项，就可以划掉一项，这样不仅高效，还非常解压。

第二步：安排顺序

安排顺序就是你把列出来的事项，按优先级顺序进行时间安排。

很多人可能会说"先做最重要的或最复杂的事情"。其实这样有利也有弊。通常来说，比较难的事情可以分成两类：一类是难度不大，但需要花很长时间来完成的事情，另一类是确实很难或者很麻烦的事情。难度不大却需要花很长时间的事情，做完之后，后面就轻松了，当然可以先完成。但是，确实很难或者麻烦的事情，通常困难重重，自己不能独立完成，还可能需要请求帮助，花的时间就是个无底洞。如果把这样的事项排在前面，就无法保证后面还有时间完成其他事情。这种情况就需要把这类事情往后排，先把简单的事情做完，最后剩下这一件难事，专心致志地去完成。

当然，每个人的情况不一样，需要根据自己的能力和资源，选择最优方案。

第三步：行动

1. 找到行动的动力

做完计划，安排好时间顺序，接下来最重要的就是开始行动。我个人认为，这也是时间管理中最难的点。大多数人都能提前做好计划，甚至在回家的路上都还兴致勃勃地预想学习的场景，但是真正回到家里，很多人就把书包一扔，电脑一放，躺在床上直接放空，再也不想起来了。再好的计划都成了一张废纸。所以落实计划，行动起来是非常难的，一定要找到行动的动力。

2. 摆脱干扰

对于我个人来说，家不是一个能让我专注学习的地方。原因就是家里的诱惑太多，干扰太多，可能写着写着作业，我就会从书架上拿一本书读一读，或者摸摸我的狗，或者弟弟又跑过来跟我说话，所以在家里真的很难专注。我一般都会选择在学校图书馆这类相对干扰比较少的地方写作业。

我个人对于排除干扰的建议就是"眼不见为净"。看不到，就不会受到诱惑。一般对学习干扰比较多的是电子产品、玩具等，在学习的时候，这些东西最好不要出现在身边。营造一个不受干扰的学习环境，对提升学习效率很有帮助。

3. 找到自己最有效率的时间和地点去行动

对于我来说，图书馆是我学习效率最高的地点，早上和晚上是我效率较高的时间。那么，我就在这个时间和地点去学习。每个人都可以尝试在不同的时间做同样的任务，看哪个时间自己的专注度最高，以后就专门在这个时间内，完成重要的学习任务。

只要做到以上三点，行动就不是难事。高中四年时间紧任务重，只有坚持行动，进入良性循环，最后才有机会进入理想的大学。

目标管理

进行目标管理，就是为了更有效地行动。我觉得设定目标，需要遵循以下几个原则：

目标要具体

需要确保你的目标是具体的，要有具体的时间和完成的细节。比如我要减肥，这个目标就不太具体，但我们可以改成"我每天要运动多少时间，我每天只能摄入多少卡路里"，这就具体了。只有目标具体了，每天知道做什么、怎么做，才会有动力完成。

另外，我们可以在大目标中细化小目标。比如"我要
减肥"是大目标，细化一下，饮食方面需要做什么，健身
方面需要做什么。也就是把一个广义的目标，细化为具体
的行动。当一个目标已经具体化了，细化到每一天，就会
有完成的欲望。完成了这个目标，就会非常有成就感。

目标要可衡量

目标不能太虚，要有可评估的标准，做到可衡量。还
是以减肥为例，那就要制订可衡量的目标——在年底减多
少斤，为了这个目标要具体做哪些事情，还可将大目标细
分成小目标，如每个月要达成什么成果，越具体越有行动
的动力。如果只有减肥这个笼统的目标，没有衡量的时间
和标准，这个目标可能永远也完不成，最后不了了之。

目标要可实现

太危险、太昂贵，或太耗时的目标，对普通人来说，
可能都是不现实的。比如我想要在 2025 年去火星生活这

个目标，虽然是个目标，但是现实吗？不现实。而我想申请某某大学这个目标，从我目前的学习成绩来看，经过高中四年的努力，这个目标是有可能实现的。这就是现实的目标。设定目标的时候，要现实，否则只能说是空想。

目标要有价值

想象一下，自己已经完成了某个目标，但这个目标对自己、家人、朋友、同学、社会有什么价值吗？比如我的目标是今天吃 10 个纸杯蛋糕，吃完 10 个纸杯蛋糕，目标完成了，但这个目标有什么价值吗？所以目标的价值管理也非常重要，否则很可能白白浪费了宝贵的时间和精力。

目标要个人化

定目标，一定要根据自己的实际情况去定。比如对于王健林来说，1 个亿只是个小目标，但对我们大多数人来说真的不是小目标。别人的目标可能很好，很有价值，但对我们自己来说，未必适合。

总之，定制目标要具体、可衡量、可实现、有价值、个人化。找到适合自己的目标，做好时间管理、目标管理，你的高中学习成绩一定会越来越优秀。

获得英语好成绩的技巧

阅读完整的英语文学作品

写作在英语总成绩的占比越来越大，所以写作能力非常重要。然而，阅读是写作的基础，只有大量的输入，才能转化为有质量的输出。这就要求我们读很多原版经典作品，读懂文字背后的内涵，并用自己的语言表达出来。比如章节读后感，就需要我们在阅读完一个章节后，分析作者运用了什么文学手法，以及可能蕴含的意义。

这里我推荐一些文学作品，也是我在美国高中上课时必读的作品，希望大家可以尽量读英文原版，提高自己的阅读理解和写作能力。

• 《弗兰肯斯坦》，这本书被誉为世界上第一部科幻小说。

- 《罗密欧与朱丽叶》，这是莎士比亚的经典戏剧之一。
- 《罪与罚》，这是一篇探究人性的文学作品。
- 《莎士比亚喜剧》，建议结合相应的电影看一遍。
- 《奥德赛》，这是荷马的一部史诗作品。
- 《道林·格雷的画像》，这是奥斯卡·王尔德的一本小说，探究人性深处的一些黑暗。

了解出题老师的意图

写作相对主观，没有标准答案，那么相应地，对写作的评判也相应主观，可能不同的老师有不同的侧重点或者喜好。比如我的老师喜欢我们写一些天马行空的内容，用自己的语言把对这篇文章的理解写出来就可以，但是也有的老师是论证派，需要我们找出文章中的线索，然后围绕这些线索进行分析，最后证明自己的观点。所以对于不同的考试，了解出题老师的意图，并据此作答，比较容易拿到高分。

怎么才能了解出题老师的意图呢？

1. 尝试不同的写作方法

在保持自己写作质量的前提下，尝试不同的写作风格。或者，看高分同学的文章，揣摩他们的行文方式。通过多次尝试，摸清老师的意图，在最终的考试里"投其所好"，取得好的成绩。不然，哪怕写得再好，不是老师想要的，成绩也不会很好。

2. 与老师一对一交谈

这一点比自己揣摩尝试，更能直接提高成绩。比如有时候，明明感觉自己写得还不错，可是老师给出的分数却比较低。那么我会和老师预约一个时间，向老师请教原因，并请老师给出建议。与老师当面交流，能最直接地了解自己的欠缺，并对症下药。

做到了以上这两点，在同等写作能力下，就能有效提升写作成绩。有时候，不是我们能力不行，而是相关技巧掌握不够，所以要永远对自己的写作有信心。

第三节　如何适应跨国学习

适应文化切换

　　我出生在北京，2013 年，也就是我 7 岁的时候来到了美国洛杉矶，后来和家人又搬到了现在的橙县。在整个学习过程中，我转过好多次学，包括我在中国以及美国的公立和私立学校，前后有 5 所。2021 年，我来到了圣玛格丽特主教学校（St.Margaret's Episcopal School）读高二。这是一所提供从幼儿园到高中教育的学校，在美国加利福尼亚州是一所顶级名校，在整个美国排名也很靠前。

　　在这里，我不仅学习课堂知识，还发展了一些兴趣爱好，包括舞蹈和时尚等，并且现在也开始创业。学校提供的课程比较难，优秀同学很多。在这里，能和大家分享一些优秀同学的学习经验，是我的荣幸。

　　郭泰就是我同学中的一位。他出生在河南郑州，大概 9 岁时，跟随父母来到美国，现在和我一样，就读于圣玛格丽特主教学校。他自从上中学以来，在班上成绩就一直保持全 A。我就常常请教他，如何也把我的成绩提升到全

A，并且继续保持。当然，他除了学习全 A 之外，也和我们一样，有自己的一些爱好，他喜欢各种各样的手工艺制作，比如折纸，他还喜欢烘焙等。他还多次被学校选为优秀队员参加全美的化学竞赛。

这一小节，主要是以我和郭泰的经历，给大家说说从中国到美国，在生活上如何快速适应。

语言的适应

初到一个国家，我个人认为最重要的一点，就是语言的适应。适应语言，最重要的因素就是时间。如果没有任何英语基础，来美国，就像到了外星球一样，什么都听不懂，甚至猜也无从着手。所以，如果完全没有语言基础，一般需要 1~2 年或者更长的时间去适应，而且听课会非常困难，成绩一落千丈是常事。因为在美国学校，英语科目就相当于中国的语文，对语言水平要求非常高。

我刚到美国时，第一次语言测试只考了 30 多分。在这种情况下，如果不借助外力，可能很难提升。所以在没有基础的情况下，一定要找中英双语对照的培训班进行补习。如果语言不过关，英语、历史之类的成绩肯定会大受影响，如果不能及时适应语言，成绩提升就会很难。

数学、化学之类的科目，成绩会根据具体的学科受到不同程度的影响。比如数学，使用全球通用的阿拉伯数字，以及通用的公式、符号，受到的影响相对小一些。但是化学大多数都是应用题，需要读懂题干才能去做，如果语言不过关，读不懂题，那肯定不会做题，成绩自然也不会好。

如果有一些英语基础，我个人认为适应起来就会容易很多，3~6 个月就差不多可以了。刚开始，课程一般可能是半懂不懂，但可以自己慢慢去猜。英语之类的科目也会从一开始的极低成绩，慢慢提升。而且这不需要外力的帮助，在这个语言环境里浸润久了，渐渐地，你也就能用英语听说读写，适应上课的节奏了。

总之，父母应该充分了解孩子的语言基础，再决定是否给孩子报补习班。

科学利用课余时间

美国中学的功课相对来说是比较容易的，作业量一般情况下不会太多。当然，要想获得全 A 的成绩，还是有一定难度的。并且，大学会从不同层次、不同方面筛选人才。所以课余时间的利用就显得尤为重要。有的人选择玩游戏浪费时间，有的人选择多参与一些课外活动，多补一些专业课，有的人选择打工、创业。总之，如何利用课余时间，选择什么样的课余活动，取决于你自己的学习目标是什么、你的兴趣点是什么，并且，最好将课余活动、个人兴趣点与大学申请相结合。

美国中学通常要求早上 8:30 到校，下午 3:15 放学，学生在校时间不长，课余时间较多，鼓励学生多参加课外活动，发展个人特长。但是，课余时间比较多，并不是让学生去玩，而是需要学生进行更丰富的课外活动，培养自己的社交能力。这都是需要重视的，也是需要警惕的。一定要管住孩子，或者让孩子管住自己。功课虽然简单，占用的时间不多，但是一定不要把余下的时间浪费掉。要知道，课外活动孩子越小开始积累越好，一定要科学利用课余时间。

适应不同的教育系统

大学申请

大学申请，主要看所申请的大学需要考查什么。在美国申请大学，主要考查以下几个方面：

1. 申请文书（college essays）

美国大学通常会给申请者列出一系列问题，然后需要申请者根据这些问题写小作文。写这些小作文的目的是考查申请者的文字表达能力、性格、课外活动以及成绩等。这种申请文书很重要，需要你把自己与大学的匹配性表现出来。

2. 课外活动

课外活动主要包括社区服务、体育活动等。

很多高中会要求学生在毕业前，必须要有 100 个小时的社区服务时长。社区服务达到一定的时长，还可以获得"总统义工服务奖"（The President's Volunteer Service

Award）。大学在录取学生的时候，也将社会责任感和公益心作为一项重要的考核标准。

美国大学在录取学生时，非常重视学生的体育成绩。以篮球为例，我所在的学校有一个校篮球队，有很正式的州际联赛或国家联赛，如 CIF（加州校际联盟）高中联赛。

3. 成绩

成绩也是很重要的一环。

首先是学生的日常成绩，看你是不是全 A。

然后是 SAT 或 ACT 成绩。我身边有很多考得很棒的朋友，很多人都可以考接近满分（1600 分），比如郭泰的姐姐就考了 1570 分。这个成绩，更多也只是作为申请大学的一个参考，而不是决定性的因素。

申请文书、课外活动以及成绩这三项三足鼎立，缺一不可，是申请大学的必备条件。

4. 推荐信

另外，你需要自己的老师或自己能接触到的知名人

士帮助你写一篇真情实感的有效推荐信，作为申请大学
的依据之一。

总之，你一定要遵循美国教育体系和机制，多方面发
展。课余时间千万不要只是去玩。如果你的某一项特别突
出，会获得大学的青睐，因为美国的大学往往更需要你身
上有很突出的闪光点。比如某个体育项目很好，拿过大奖，
这就会让某个大学对你更有兴趣。

适应自由化与个人化

1. 自己选择课程

在美国高中选课的时候，一门学科里面会有很多门课
程可供选择。学生可以在满足毕业要求的学分前提下，选
择自己想要学的课程。这种时候，我们一般会选择跟未来
大学想要学习的专业相关的课程，以利于以后的发展。所
以，每一次选课都需要非常谨慎。

2. 不同老师的风格会极大地影响你对课程的喜好

不同老师会有不同的授课风格，不同老师会因不同课程的难度、趣味性、风评带给学生不同的感受。所以一门课你是否喜欢，很大程度上会受到老师个人风格的影响。

3. 注意安全

美国枪支泛滥，枪击案确实比其他国家发生的频率更高。所以再次建议来美国之后，夜晚最好不要出来，一定要出来的时候，切记要保护好自己。

第四节　如何选择课程

选课前的准备工作

课程的自由选择，在很大的程度上，对你自己来说，也是一个很大的责任，因为这很有可能影响你未来大学的申请。具备了学习方法，掌握了时间管理，实施了行动，

如果因为课程选择的失误，导致在大学的申请上走弯路，
是非常冤枉的。

多方了解想选的课程

要了解一门课程，有很多方法。你可以去找任课老师
直接咨询，很多老师会把自己一年要教的内容告诉你，你
可以通过这些内容去评判这门课对自己来说难不难。我们
学校每门课都会提供一个大纲，你可以根据大纲了解一门
课即将学习的内容是否适合自己，都会学到什么，是否对
自己有帮助。假设你看到物理课程的大纲上提到电磁的运
用，你觉得很有趣，要学这门课，那至少说明你有动力去
学这门课，你可以选这门课。但是如果你觉得"电磁跟我
有什么关系，我不在意，并不是我喜欢的"，那你最好暂
时别选这门课。

你也可以问上过这门课的学长，听听他们的现身说
法。这些课程的教室里有什么规矩，老师是个什么样的人，
等等。

此外，你还可以与家长讨论，征询他们的建议。如果

你的家长有过类似的经验，他们可以帮助你了解这些课程内容，帮助你更精准地选课。如果你的家长没有类似的经验，你也可以与家长分享你的选课过程，比如你为什么要选这些，你是如何考虑的。分享的过程会促使你再去审视自己的选择是否适合自己，也会意识到一些以前可能没有意识到的问题。这也是一个增进了解的过程，让父母知道你喜欢什么，擅长什么，避免父母单方面地认为选什么课程好，这对双方都有益。

只有通过多方面的了解，你才能判断你是否喜欢这门课，或者这门课是否适合你，对你有没有帮助。

谨记，千万不要假设自己喜不喜欢一门课，或者一门课难不难。不经过了解，自己认为难就放弃是不可取的。

做好选课统筹规划

1. 根据毕业要求选课

选课虽然有一定的自由度，但有些课也是必选的。比如：英语，必须上够四年；九年级学生要上物理课，这也是硬性要求。

　　每个学校对于学生的毕业要求都不完全相同，一定要提前考察好。在选学科之前，一定要确保自己可以完成课程，达到毕业的要求。比如我们学校的毕业要求是要完成四年英语课，三年数学课，三年科学课，三年历史课，两年运动课，一年艺术课，还有一年半的宗教课。如果学生不能完成这些课程，就不能毕业。所以选课时，要首先考虑学校的基本要求，优先选好基本课程，然后再根据自己的兴趣点和未来发展进行选择。

　　每门课程的门槛和时长也不同。有些课程需要参加入门考试，经老师同意，达到一定的成绩才能够选择，有些课程则没有选择门槛；有些课程是学期课程，有些课程是学年课程。

　　我建议大家从上高中开始，就列出你的高中课程计划。比如，这一年计划选什么课程，能够选什么课程？如果这一年没有选某门课程，对自己的影响如何？这些都是要考虑的。

　　比如，你十一年级想要上 AP 生物课，但是 AP 生物要求你上过 AP 化学才能上。因为你没有计划好，之前没有上过 AP 化学，也就上不了 AP 生物，所以十一年级再做计划上 AP 生物课，就有些晚了。

2. 根据未来的发展方向选课

如何选好课程是一门学问。如果说小学六年级时可选择的课程还相对少，那么到十二年级，可选的课程就非常多了。所以在高中时期，要先确定好自己以后要做什么，这样才能判断到底什么样的课程适合自己。

学校提供的课程大致分为三类：常规课程（Regular）、荣誉课程、AP 课程。

常规课程一般包括英语、数学、历史和社会科学、自然科学、语言和艺术六大类，每个类别又有必修课和选修课。常规课程主要涉及一些基础的学科知识，一般都比较容易，也是三类课程中最简单的。

荣誉课程的难度要高于常规课程。这类课程通常需要老师批准，偶尔需要考试合格才能够进入。

荣誉课程的学分要高于常规课程，有助于学生获得更高的 GPA 成绩。

AP 课程，相当于美国大学一年级课程难度。AP 课程

是三类课程中最难的，同时也是含金量最高的。比如 AP
生物课，是大学一年半的课程挤到高中的一年学完，课程
难度还是挺大的。所以这类课程通常需要参加入门考试，
达到足够的成绩，老师批准，才有资格上课。AP 课程学
习一年之后，会有一个全美统一的期末考试，一整年学
的所有东西都会考到。除了 SAT 考试之外，这可能也是
学校唯一的标准化考试了。荣誉课程和 AP 课程有 GPA
加权功能，可以提升你的 GPA 成绩。更重要的是荣誉课
程和 AP 课程展示了你的学术能力，大学招生官会专门看
你的荣誉课程和 AP 课程成绩，两者都对申请美国大学有
帮助。

3. 我的建议

我的建议是：上高中前，你要计划好，是学偏文科的
课程，还是偏理科的课程。比如我不太喜欢科学，所以我
选择了偏文科的课程。除了两门数学课、个别的 AP 课程
外，我就喜欢经济类的课，因为这些是我有兴趣的，而我
对科学没有兴趣。

高一结束前，要计划好高中所有的课程。我们学校要求上三门科学课，并且我也已经上完了这三门课，所以我以后就不需要再上科学课了，这样我就可以腾出更多时间上荣誉课程、AP课程，或者自己感兴趣的课程。

通常每年2~3月份，要注册下学期的课程。在考虑课程选择的时候，最好参考家长和一些学长以及老师的意见，毕竟他们比你有经验。网上以及学校的网站，也有大量的信息可以帮助你选课。计划内的课程内容，在美国很多学校网站都能找到。你要考虑这门课是否符合你的时间安排、你的爱好、你目前的学习水平，以及你的毕业要求。

充分利用课程博览会。有时候学校会组织课程介绍博览会，你自己可以找不同的老师咨询。我曾经也做过这方面的义工，负责给新来的家长和同学做课程相关介绍。

注册课程的时候，要确保自己已经满足了所有的要求。很多人注册到最后才发现自己没有达到相关成绩要求，然后就要重新选择课程，重新考试。这是非常浪费时间和精力的。在做课程选择计划时，最好有备用方案，每类课程选2~3个方案，以防万一。

选课是学习的第一步。课程如果没选好，会影响最终的学习成绩。有些课程自己感觉准备得不充分，可以先预习一下，甚至也可以在暑假上一门课，你可以在学校或者别的机构，找到这些暑假班。总之就是要充分利用暑假时间去学习，去拿学分。比如，我和郭泰在某个暑假补了化学课，这门课程非常难，它将一整年的内容集中到五周里学完，这对我们来说是一种挑战。

要清楚自己擅长的领域

在真正去上一门课之前，你对这门课的了解，其实仅限于你听到的。当你真正去上一门课的时候，你可能会发现你听到的与现实情况有诸多不一致。为了提高选课的适配度，你要先清楚自己擅长的领域是什么。

假如这门课在你的擅长领域之内，它的难度就会下降。你是否擅长一门课，会在很大程度上影响你的难易感受。

要清楚一门课学不好的风险

假如你学不好一门课会有什么风险？这个问题你应该提前考虑，尤其是如果你学不好一门课，对上大学有什么影响。比如你上大学想去学化工，但是 AP 化学没学好，那么大学的审核官会认为，你化学成绩都不好，为什么要录取你？但是，假如你只是 AP 历史没学好，可能对你申请大学化工专业影响甚微。你要根据自己的目标判断风险，做好风险管理。

要清楚自己学校的放弃课程机制

很多学校都会有一周或者两周的无惩罚期，即在这期间，如果你感觉自己不适合某门课程，你放弃是无惩罚的，或者你可以选择降级的课程。你要学会利用好这个机制。在这个机制下，你可以先大胆地感受一下你想学的课程，不合适再降级，反正也是无惩罚的。

| 第 3 章 |
如何提高成绩并保持

选课对升学的影响

不同的课程，在大学申请时的价值高低也是有区别的。通常，大家觉得 AP 欧洲历史的价值高于 AP 经济学，AP 地理的价值比较小；在科学课程中，AP 生物或者 AP 物理的价值大于 AP 环境科学。大家要弄清楚在大学申请时这些 AP 课程的价值，它应该成为选择课程的一项重要指标。

大学的审核官会通过你选择的课程来判断你是不是一个努力的、勇于接受挑战的学生。一般情况下，你所选的荣誉课程或 AP 课程，往往会跟你将来大学学习的领域有关，因此通过高中阶段的选课，挑战自己，去发现自己擅长什么，对于你自己将来的人生规划也相当有价值。

你心仪的大学看重什么？是全方面发展，还是单方面的精进？对此你要提前做好调研，并结合自己擅长的领域选择课程，以提高大学申请的成功率。同时，你也要考虑万一失败的预案，即在保持某些科目优势的同时，其他科目不要彻底丢掉，也要保持一定的水准，这很重要。

🎓 热点问题汇总

1

Q：怎么有效努力？

A：解决这个问题的重点是一定要设定一个目标，然后找到自己的动力，投入时间和精力。比如我经常会问自己，我为什么要努力？我努力会得到什么结果？当你内心对这些问题有清晰的答案时，就会有动力推着自己往前走。所以有效努力，就是找到目标，找到动力，然后投入时间。

2

Q：题海战术有用吗？

A：我觉得题海战术对某些人是有用的，但我个人并不喜欢题海战术。我认为题刷得太多，反而容易对学科产生反感情绪。你通过刷题可能会在短期内把分数提上去，但从长远来看，也许并不利于你在这门学科上的持续发展。

3

Q：怎么应对歧视华人或歧视成绩一般的孩子？

A：我觉得歧视华人这个问题，要看学校，也要看地区。因为不同学校的学生门槛是不同的，比如说有些低门槛的学校，由于学生群体的素质不能完全保证，可能就会存在歧视问题、霸凌问题等，所以要选一个好点的学校，对学生的素质有一定的门槛要求，以最大限度地避免遇到歧视问题、霸凌问题。

歧视成绩一般的孩子，这种现象在美国一般不会有，因为美国中学不会公布学生的成绩和排名，大部分同学也不会主动去了解你的成绩。

4

Q：拖延症怎么改变？

A：首先，我觉得要给自己设定目标。做小目标，做有效目标，别做太大的目标。针对拖延症，父母的奖励很重要。奖励可以是有形的，也可以是无形的。有形的奖励，比如美好的食物，跟父母一起旅行的机会；无形的奖励，比如给一些标签、一些赞美等。这些都是比较重要的。

其次，给自己列一些底线，心里清楚什么事不能拖延。比如起床不能拖延，睡觉不能拖延。在这个底线上，偶尔休息一下，也是可以理解和接受的。这样就不会使自己很紧张，也更容易积极起来。

5

Q：如何练就自己的自律心态？

A：我推荐从小开始锻炼自律心态。因为没有自律，作为学生会非常糟糕。具体的练习方法是，模拟给自己设一些限制，比如今天只玩 1 小时手机。从小开始慢慢给自己设立这种目标，然后慢慢去适应。达到目标的过程，也就是自律的养成过程。当然，如果真的无法自律，还可以寻找外力帮助。

6

Q：哪种笔记方式最好？

A：其实，没有最好的笔记方式。不同的课程，适用不同的笔记方式，你要找到哪一种笔记方式更适合自己。我个人觉得，直接写在材料上的笔记方式更适合物理、化学一类的学科，用电脑记笔记更适合历史这类学科；案例模板更适合数学这类需要灵活运用规则解决问题的学科；知识模板比较适合语言类的学科，这类学科知识点很多，特别是对学习词汇很有帮助。此外，你也可以根据自己的实践经验，尝试新的方式，找到属于这门课的自己的风口。

轻松解决难科、偏科

第一节　如何分辨难学的课程

我的一个朋友九年级时来到美国留学。他觉得自己刚来美国，学习肯定不是那么好，就想先选一些相对简单的课程，所以他选择的课程都是很容易的。到了十年级，他觉得自己已经适应了美国的学习生活，可以开始挑战更难的课程了。于是，他就选择了很多很难的课。结果他整个十年级都过得很累，压力也很大，最后的成绩也非常不好。直到十一年级的下学期，他才真正把自己的学习成绩又拉回来。

造成这种情况主要有两个原因：第一是他不知道怎么选课，开始一味选简单的课程，造成十年级、十一年级压力很大；第二，他不会处理那些很难的课程。因为他九年级一年过得太轻松，导致十年级、十一年级过得压抑、

痛苦。

不管是在中国还是在美国，当你升上高中，处理偏科、难科的技巧是必须掌握的。并且在美国，一定要学会选课，因为选课关系到大学申请。影响美国大学申请的因素很多，其中就包括你高中所选的科目。所以美国的大学申请，是一个多元化的过程，与中国主要以高考成绩为标准有所不同。

什么是难学的课程

在美国，高中的课程分为三种类型。

首先是常规课程，这些课程是无特殊要求的，一般都是比较容易拿到学分的。

其次是荣誉课程，这种课程比常规课程高一个等级，难度也大些，通常需要老师批准，偶尔需要考试合格才能够进入。

最后是 AP 课程，一般 AP 课程是美国大学级别的课程。它是把大学一年甚至两年的课程，放到高中的 2~3 个学期学习，是美国高中难度最大的一类课程。

难学课程的内容特征

1. 课程内容量大

以 AP 生物课为例，它的内容量是把大学 3 个学期，也就是一年半的生物课程，放到高中一年的时间内学习。把一年半的内容挤到一年里学习，内容量当然很大。这导致的结果就是，上课的节奏很快，老师不会在一个内容上花太多时间，所以需要你自己在课外复习并巩固，这很重要。

比较难的课，一个单元老师大概花两周的时间就上完，然后接着就考试，考完直接进入下一个单元。而比较简单的课，一年要学习的内容比较少，老师会带着你一步步巩固每个单元的知识点。有时候学习一个单元，可能需要用一个月，甚至两个月的时间。其实，这种课程上的时间分配，是课程量大小的一个直接结果。

2. 内容晦涩难懂

难课除了课程内容量大之外，本身内容也晦涩难懂。

比如"波粒二象性",这是量子力学的核心概念,很多高中学生完全不理解这是一个什么样的概念。

3. 内容连续性强

比较简单的课程,你可以学完一个单元之后,把这一单元的内容丢掉,也完全不影响你学习后面的单元。但是难课内容的连续性很强,也就是在学习后面的单元时,需要你去复习并巩固前面的单元,前面单元的知识没学好,会影响后续单元的学习。比如 AP 课程的考试,期末都会考你一整年所学的知识,而很多简单的课程,期末的时候只考你这一个学期的知识。

4. 逻辑性强

简单的课程,比如常规课程中的历史课,你只需要正常上课,把书上的内容记下来,应对考试就没什么问题。但是难度大的课程,就需要你有很强的思维能力、逻辑能力才能解题,而不是套一个公式或死记硬背就能解出来。

5. 这门课检验了你哪种能力

不同的课程，检验的是不同的能力。比如 AP 化学课程，要求学生在掌握化学基础知识、基本原理和实验操作技能后，能够独立地进行思考，并具有口头或书面的逻辑表达能力，能够独立设计实验，并具有完成实验的能力。所以，选课之前，你要评估自己的兴趣和能力，如果契合度不高，就不要选择这门课。

难学课程的时间需求特征

1. 作业量大导致时间需求大

难度大的课程，因为它的内容量大，相对而言布置的作业就会更多。因为老师想让你通过做作业，巩固学习的知识。作业量大，对时间的需求就大。

2. 需要自己安排课外时间复习巩固，以保持成绩

作业量大，随之而来的问题，就是你想要学好，既要复习学过的知识，又要牢固掌握刚学的知识。因为在课堂

上，老师不会花很多时间带你去巩固之前学过的知识。你需要在特定时间内，比如一年内，把那么多知识都学完，并且掌握好，所以课后你一定要花时间去巩固、复习。难学的课程必然要比那些简单的课程花费更多的时间。这一客观特征，需要你做好时间管理，否则你无法应对这些课程。

自我因素对一门课难易的影响

一门课难不难，有客观因素，也有主观因素，但我个人认为主观因素的影响很大。比如，一门课程对一个人来说不难，但是可能对另一个人来说就很难，这就是主观因素的影响。

1. 看自己的成绩

第一，这门课的成绩是否达到自己其他课的平均水平。

一门课对自己难不难，成绩是最直观的反映，因为成绩反映的是你对这门课的掌握程度。假如你其他课程平均分是 90 分，而这门课程是 80 分，那就可以说这门课对你而言有难度，它所涉及的领域可能是你不擅长的。

第二，这门课程的成绩是否达到你的期望。

假如你自己的期望是这门课拿 A 的成绩，但你连 A- 的成绩都没拿到，那就代表你没有达到自己的期望，这门课对你来说比较难。比如我的一个朋友，他对自己期望的成绩永远是 A，因为他从小到大没有拿过一个低于 95 的分数。我学习没有他那么厉害，虽然我爸爸期望我能拿 A 的成绩，但是我觉得自己拿到 A- 的成绩就够了。

总之，我们在用自己的成绩评估一门课程难不难的时候，要看两个因素：一是与自己的其他课程成绩对比，二是与自己期望的成绩对比。

2. 评估自己的感受

第一，你喜欢这门课吗?

你觉得这门课的内容是有趣还是很无聊？上课的时候是昏昏欲睡，还是兴趣盎然?

第二，你觉得这门课的内容容易理解吗？

我上的 AP 化学就有很多逻辑性强的问题。这些问题我基本都可以理解，但是我的一些同学觉得无法理解，他们觉得逻辑不通。

第三，你需要给这门课分配多少学习时间？

你觉得你给这门课分配的时间是否合理？比如 AP 化学，我觉得我需要在这门课上每天花费 2 个小时的时间，才可能得到 A 的成绩，因此我认为这门课既然需要这么多时间来学习，一定是比较难的。

第四，警惕一门课的风评，有时候与它的真实难度不相符。

一门课程的难易程度是客观存在的，但对于不同的人，它的难易程度又受主观因素的影响。因而，你不能单纯地听某人说一门课难或不难就武断地下结论。

3. 看学生群体

我们可以观察一下，上这门课的朋友多不多。如果很多朋友上这门课，你在一个很熟悉的环境中，大家互相帮助，共同进步，你也会有更多动力。而且，课上的朋友多，下课后互相交流的机会就会增多，你可以获得更多的助力。

4. 你对任课老师的主观感受

任课老师也会影响你对一门课难易的评判。作为学生，我们都会有这样的感受，遇到自己喜欢的老师，就会更愿意去学习他的课，主观上的感觉会使一门课的难度降低。

5. 自己的时间表

考虑自己的时间表。如果课外时间已经有很多安排，比如我安排了舞蹈课，可能就没有足够多的时间分配给太多难学的课程，或者占用我时间太多的课程。这也是一个要考虑的因素。

任课老师对一门课难易程度的影响

1. 老师的教学风格

一门课有不同的老师教，比如我们学校的 AP 美术，有三个老师教，每个老师的教学风格都不一样，风评也不一样。这也是一个你需要考虑的客观因素，因为这不是你自己能决定的。

2. 老师会不会教

我们之前有一个物理老师，他本身学历很高，是一个很聪明的老师，还是我的班主任，但是我觉得他不太会教学生，教得并不是很好。我个人的感觉是，课程等级越高，你的老师教得不好，对你的影响越小。像 AP 课程，当你没有听懂老师教你的，你还可以很方便地在网上找到相应的学习资源。但是，那些常规课程反而不那么容易找到相应的学习资源，因而老师的影响更大。

为什么要选择难学的课程

申请大学需要

选择难学课程，首先，它是 GPA 成绩的需要。难学的课程，其学分要比常规课程高，有助于提高你的 GPA 成绩。GPA 成绩是美国大学录取的重要参考成绩之一。其次，在申请美国大学时，在看你成绩的前提下，会看你选了什么课程。如果你选了很多难的课程，大学的审核官会认为你是一个愿意挑战、愿意迎难而上的学生，也表示你的能力很强。总之，选择难学的课程，本身也是申请大学的重要一环。

自我学习需要

抛开大学不讲，我们自己也要利用高中这四年，选一些有难度的课程，使高中生活更有价值。假如高中四年你学的都是很简单的课程，你会发现自己没有充分利用高中给你的资源，白白浪费了光阴。

难学的课程对你自己也有积极的影响。那些愿意选择难学课程的学生通常都非常拼，非常想要得到好成绩，大家都会互相帮助，在这样的氛围中，你就会有更多的动力，变得更积极，学习效率也更高。

比如 AP 化学就是一门很难的课程，每次做实验，实验小组的每个人都很积极，因此分到每一个学生的工作量就比较小，也比较容易把作业完成。但在常规课程中，比如我上的历史课，每次遇到团队项目，基本上都是我一个人完成项目的大部分工作，其他三个团队成员并没有那么努力去做。在需要团队合作的时候，不同的同学，对自己的成绩、工作量会有非常大的影响。

美国高中必选的难课

必选的难课是针对你的目标而言的，比如你想上哪个大学哪个专业，你的高中学校毕业要求等，并没有绝对意义上的必须选的难课。

依据你的目标大学、目标专业选课

你要找出有利于自己申请目标大学目标专业的科目，避免你选了很多 AP 课程，却错过了必选的一些课程。比如我想要在大学学金融理财类专业，所以我会选一些跟这些专业有关的难课，或者目标大学目标专业更重视的一些课程，如 AP 统计数据、AP 经济学、AP 微积分。这些都是比较难的课程，对我来说，也是必选课程。因为如果想要申请这类专业，就必须学。而我的朋友郭泰大学想学生物或化学相关专业，所以他就必须要学 AP 化学、AP 生物、AP 物理这些课程。

看毕业要求

如果已经学完了常规课程，但还没有达到某类科目的毕业要求，你就需要选一些难课。比如我不太擅长科学类课程，但是我选了 AP 生物。其实我想学一门更容易的课，不想学那么难的课，但是我已经学完了所有的常规科学课程，还没有达到学校的毕业要求——学校要求学三门科学课。于是，我必须要选一门难的 AP 课，所以我选学 AP 生物。虽然我不擅长这类课程，但是我还是必须学。

无法确定未来的专业方向时，选专业包容性强的课程

如果还没有确定好自己的专业方向，你就要学一些内容更宽泛的课程，比如 AP 英语、AP 微积分。这些课程不像 AP 生物、AP 物理的专业指向性那么强。选择这些课程，未来你的专业选择灵活度会更大一些。

上难课和上常规课的区别

难课的考试分数占比较高

难课的考试分数通常占最终成绩的 60%~80%，作业、平时测试成绩等只占 20%~40%。而不像有的常规课程，有参与成绩，就是你只要来上课了，就会给你分。比如西班牙语课，参与分数就占 25%。所以，对于难课，你需

要更注重考试，它会不停地测试你，以考查你真正的学习能力。

难课要求更严格，老师常提供更多帮助

在难课里，我个人觉得老师对学生会更严格，同时对学生的期望也会更高一些。一般情况下，学校里教难课的老师学历都很高，我想他们对自己也很严格吧，所以才会对学生这样严格。但在常规课程里，老师会更宽容，也会更灵活一点。

我现在上的英语课是一门常规课程，老师就非常宽容，我们可以上课吃东西、睡觉，有时不做作业，也不会被扣分。我的朋友上的英语荣誉课，老师就稍微严格一点，学生必须按时完成作业、记笔记，不然就会扣分。

我个人观察，难课因为有难度，所以老师往往会给每个学生提供个性化的帮助。比如我曾因为感染了新冠病毒，在家里隔离了很久，回到学校的时候，有很多课和很多考试要补。我的常规课程老师直接列出我需要补的所有学习内容发给我，让我补做，此外没有提供别的帮助。而

我上的一些难课，比如 AP 生物，老师在每一份作业后面，都给我写下一些笔记，列出能够帮到我的一些内容，甚至还给我一个人专门录了他讲的一门课。我暑假上的化学荣誉课，老师每次考试前都会给我们开会，问大家有什么问题，有什么需要帮助的，甚至他还在非工作时间帮助我们，这让我觉得很暖心。

我的经验分享

美国高中课程按等级可分为常规课程、荣誉课程和 AP 课程，按性质可分为必修课和选修课。表 4-1 是我自己用于分析每个等级课程的表格。

对 GPA 分数的影响

课程对你的 GPA 分数的影响是：常规课程的学分要低于荣誉课程和 AP 课程。因此，假如你在常规课程、荣誉课程和 AP 课程中获得了同样的等级分，但是由于荣誉课程和 AP 课程的学分高于常规课程，你获得的 GPA 分数

表 4-1　我的课程分析表

	GPA	大学学分	高中学分	课程申请	课程要求	课程内容	考试
AP 课程	可为我增加 1.0 分	计入大学学分	计入	入门考试（50%）+老师批准	成绩要求+前提要求	美国统一的教材与考试（college board）	美国统一的学年期末考试+单元考试
荣誉课程	可为我增加 0.5 分	不计入	计入	入门考试（25%）+老师批准	成绩要求+前提要求	老师/区域定的内容	学期期末考试+单元考试
常规课程	不加分	不计入	计入	直接申请	等级要求	老师/区域定的内容	学期期末考试+单元考试

就会比常规课程高。

对大学学分的影响

AP 课程学分不仅会计入高中学分，还会计入大学学分。高中学过的 AP 课程，在上大学时，就不需要学了。而荣誉课程和普通课程，就不会计入大学学分。

课程申请

1. AP 课程申请

申请 AP 课程需要参加入门考试，考试成绩权重为50%，同时需要相关老师的批准。

此外，申请 AP 课程需要满足某种前提，比如相关课程的成绩有没有达到要求。我这一学年上的数学课，要求我至少要达到 86 分，才能升到下一学年的 AP 课程；AP生物，要求我必须要上过化学课才能申请。对于成绩，有时候只看某次的考试成绩，有时候会看总成绩。

2. 荣誉课程申请

荣誉课程也有入门考试，考试成绩权重为 25%，同时需要相关老师批准。

此外，申请荣誉课程还需满足某些前提要求。荣誉课程的要求比 AP 课程松一些，没有那么严格。也就是说，荣誉课程，会有特例。比如，有时候虽然你没达到申请要求，但是老师觉得你本人确实很优秀，也会让你来上课。不过，成绩始终是硬性要求，而要求你必须上过哪门课才能申请的课程，并不是很多。

3. 常规课程申请

常规课程无须考试和老师同意，可直接申请。但也有等级要求，比如你想要上英语 3，你就必须得先上英语 2，你不能从英语 1 直接跳到英语 3。有些课则要到一定的年级才能申请。

课程内容

AP 课程是美国统一教材。我觉得全美统一教材的好处是，如果你遇到了什么困难，可以很方便地在网上搜到这一单元的相关资源，获得相应的帮助。

荣誉课程和普通课程，往往都是你所在的州，或者你所在的学校设计的内容，尤其是老师自己设计的课题，你很难在课外找到资源。所以这两种课程的老师非常重要。如果老师教得好，你在这门课上就有更高的成功率。假如老师教得不好，你又很难在外面找到对你有所帮助的资源，因而需要你自己花更多的精力。

在常规课程的课堂上，老师常常喜欢说一些与考试无关的事情，有时你会觉得有趣，但确实会浪费很多时间。这种情况在 AP 课程的课堂上，基本不会出现，因为课程内容量很大，根本没时间浪费在无关内容上。

考试

AP 课程，会有美国统一的学年期末考试，时间一般都在每年的 5 月。AP 课程还有学期期末考试，就是一个学年有两个学期，每学完一个学期会有一次期末考试，考试的时长一般是两三个小时。荣誉课程和常规课程一般也有期末考试，但个别常规课程没有这样的期末考试，只有期末评估。除此之外，还会有每单元的单元考试，大概每一两个月会有一次，考试时长大概是一小时。AP 课程考试成绩，是申请大学时的重要依据。

高中课程规划

我们学校把六到十二年级的课程，也就是国内从初中开始一直到高中毕业所提供的所有课程都列进了一张表里。我们会看到每一年级的所有可选课程。从十年级开始，可选课程非常多，也就是说，从十年级开始，如何选课就变得非常重要。因此，在十年级前要充分做好选课准备。

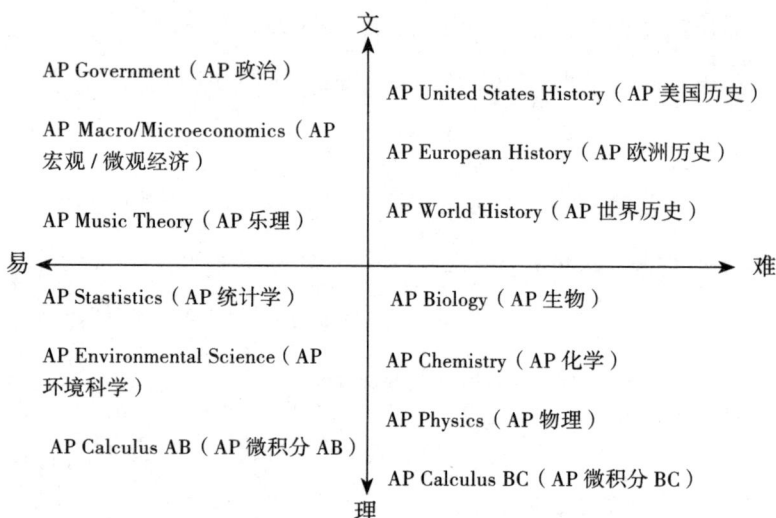

图 4-1　高中课程基本情况

图 4-1 按照难易程度重点给大家介绍几门课。假如你修理科的话，一定要学 AP 化学、AP 物理和 AP 生物这三大科学学科；假如你学历史的话，三个指标就是 AP 世界历史、AP 欧洲历史和 AP 美国历史。理科类中，我个人感觉 AP 物理可能比 AP 生物更难一点；文科类中，我个人感觉 AP 政治可能比 AP 历史简单一点。

图 4-1 是给大家说明基本情况，每个人当然要看自己擅长的领域是什么。假如你擅长文科，那么文科的难度也

就会下降；假如你擅长理科，理科的难度也会下降。此外，还有一些非常看天赋的课，比如 AP 乐理、AP 艺术等。

图 4-1 中，右边是偏难的，左边是偏容易的。上边偏文，下边偏理。基本上 AP 课程都相对难一些。你可以用这张图，来判断自己想要上什么课，以及什么难课适合你。

你可以看看，这四个区域，哪一个是你自己最擅长的。比如我喜欢文科，而且我觉得我上大学要学文科，我可以选右上角的区域。假如你喜欢理科，就要注意右下角的区域。

第二节　如何应对难学的课程与偏科问题

心理控制——不要害怕一门课程

不要害怕一门课程

应对难学的课程，我个人认为心态很重要，不要紧张或害怕。

在常规课程中，你的心态是放松的。因为你觉得这门课那么简单，自己肯定可以拿到 A，因而比较自信。但是在面对难课的时候，你会缺少这种自信，会有些害怕，认为这门课好难，觉得自己可能学不好，可能只能拿 B。这种心态千万不能有，不要平白无故地给自己施加压力，它会导致你紧张而学不好。

可以适当提高这门课的重要性

难学的课程，需要你重视，保证给它分配足够的时间和精力，成绩才有可能比较好。你不能嘴上说这门课太难，行动上却还是把它当作那些简单的课程，不注重课后梳理和复习，那么考试考砸就会很常见。

此外，难学的课程，考试成绩的占比很大，如果没学好，对你成绩的影响也会更大。

千万不要自暴自弃

有些学校在每学期的开始，大家刚选完课的时候，会给两周的时间作为窗口期，让你可以无惩罚降级。即上了第一次或第二次课后，你如果觉得自己选的课太难，就可以进行降级。比如你可以从这门课的 AP 课程降到荣誉课程，从荣誉课程降到常规课程。之所以说是无惩罚，是因为如果你在这个窗口期内降级，你的成绩单上不会有降级的记录，因而在申请大学的时候，大学是不会知道你降级的。如果过了这个窗口期，你再选择降级，你的成绩单上就会有记录，对你申请大学也许会有影响。

如果不选择降级，你也千万不要放弃。自暴自弃的话，你 100% 会得到最差的结果。假如这门课很难，你自己努力可以拿到 B，不努力可能会拿到 C，甚至 D。拿到 B，比不及格或放弃要强得多，你努力的成果，永远比自暴自弃好。

我上过一门化学荣誉课，这门课很难，刚开始我特别想放弃，想着考试不复习，作业也不做，随便上完就算了。因为我真的不是很擅长化学课程。经过一段时间的挣扎，再加上爸爸的鼓励，我意识到自己不能不经过努力就放弃，于是我每天都会留出固定的时间给这门课，有时甚至熬夜把我能做的练习都做完。最后我得了 B+。虽然我的成绩没有那么好，但我至少尝试了，我没有失败。如果不尝试努力，我可能只拿到 D，甚至 F。

很多人觉得自己努力了，好像也没有得到什么特别好的结果，但我想说，至少你知道自己付出了你能付出的所有，你只是并不适合这门课。而自暴自弃，会让你在将来回想起这段时光的时候，后悔自己当时没有做任何努力，就选择放弃。

一门课程十分难，你非常努力，拿到了 B+，而你自暴自弃，就有可能拿到 F。你申请大学的时候，如果成绩单上出现了 F，几乎有 80% 的可能你会被拒绝，而一个 B+ 的成绩，你的机会就会大得多。此外，如果你的总成绩中有一个 F，你的整个 GPA 成绩都会被拖累。所以不管怎样，都不要自暴自弃。

对症下药——找出一门课困难的原因并尝试解决

尝试去分析到底是什么把一门课变得困难

为什么一门课很难，你要尝试去精准地回答这个问题，而不是用一种方法去解决所有问题。千万不要觉得自己只要干一件事，就可以把所有课程变得非常简单。对症下药的意思，就是你要针对自己的情况先分析为什么这门课对于自己来说很难。因为一门课难，会有很多不同的因素，既有客观因素，也有主观因素。比如学习内容、课堂环境、师资、个人特质等。

尝试对症下药地解决这些问题

当你找到一门课程难的具体原因后，就要尝试对症下药地去解决它。如果你发现这门课的内容对你来说很难，那么你自己就要去课外寻找帮助，比如积极地问老师、问同学，找课外辅导班；如果你发现你无法适应老师的授课方式，你可以去换课，因为很多情况下，一个学校的同一门课，会有不同的老师教授。一门课很难，有不同的原因，需要你用正确的方法解决。

难课入门考试

美国高中有一些荣誉课程及 AP 课程，要求选课的学生参加入门考试，考试通过了才能选学。

不同的课程，有不同的入门考试方式；一门课想检验你什么能力，入门考试就会考查你什么能力。比如英语课有荣誉课程和 AP 课程，都有入门考试。考试形式是写作，注重考查你的创造性和思维能力。历史课程通常没有荣誉课程，只有 AP 课程。AP 历史的考试方式是，提前给你一些历史资料，让你分析这些资料。考试题型很全面，一般情况下有选择题、简答题、综合题。科学课程包含荣誉课程和 AP 课程，入门考试以选择题为主，主要考查的是你的知识量，看你的知识储备有没有达到要求。其实一般科学课程的入门考试都非常简单，你不必太紧张。

此外，老师都会依据每个学生的考试成绩，加上你上一年的总成绩，以及上一年的老师对你的评价，做出综合评判。

通过选课管理偏科问题

在美国，由于高中的选课自由度比较大，偏科现象很常见。如果你碰到偏科的问题，你有两种选择：

迎合偏科

所谓迎合偏科，就是扬长避短，把你的时间重点投放在自己擅长的领域，在擅长的领域多选课，以及参加更多的课外活动等。因为申请大学时，你也是选自己擅长领域的专业。上大学之后，你就可以在自己擅长的领域深耕下去。迎合偏科的优势是扬长避短，也就是你在自己擅长的领域中充分发展。因此，明确你的大学专业方向以及将来想要从事什么工作非常重要。

这是我个人比较推荐的一种方法，因为当你把自己的主要精力都放在擅长的领域时，你不会觉得很煎熬、很痛苦。当你在这一领域精进再精进的时候，你会有一种成就感，形成一种良性循环。

迎合偏科的问题是，你申请大学时的专业选择会被局限在一个较小的范围内。并且很多时候大学的审核官并不能直观地感受到你的成绩特别突出，因为他只看到你的成绩都是 A。所以，你一定要在申请文书里面展现自己在这方面有多优秀。

控制偏科

控制偏科，就是把你的时间、精力多分配给不那么擅长的一些课程，以提升这些课程的水平。

控制偏科的优势在于，助力你自己全方位发展，降低局限性，可以在很多不同的领域内探索、发现，给以后的自己多一种选择。比如你上大学学了一门自己原来比较喜欢的专业，一段时间后发现自己好像又没那么喜欢了，这时，你想要转专业，就更有优势。

控制偏科，需要你想办法把自己并不擅长的课的成绩提上来，初期你会比较煎熬，因为这并没有那么容易。

🎓 热点问题汇总

1

Q：如何克服考试紧张？

A：如果你考试太过紧张，建议你考试前多多复习。因为通过不断的学习和巩固，你可以建立自信，从而消除紧张情绪。如果我考试前准备得很充分的话，我就不会紧张。但是如果我没准备那么好的话，我就会非常紧张。希望这个方法能帮到你。

2

Q：如何在选课上更好地为大学申请服务？

A：首先，你要充分了解高中四年提供的所有课程，做好四年的统筹规划，合理安排，提高 GPA 成绩。其次，你要根据自己擅长的领域，在选课和课外活动上有所侧重。最后，你要提前对你的目标大学目标专业做好调研，更精准地选课，以便提高大学申请的成功率。

3

Q：荣誉课程和 AP 课程的入门考试难吗？

A：其实，荣誉课程和 AP 课程的入门考试一般都不难，它只是看看你有没有学习这门课的基础而已。但是有一点要注意，入门考试除了看你的考试成绩外，还会根据你上一年的总成绩，以及上一年的老师对你的评价，做出综合评判。所以，无论何时，你都要好好学习，给老师留下好印象。

| 第 5 章 |

**我成长中的
关键动作**

第一节　父母这样培养我

家庭教育，不只是父母管孩子

　　爸爸曾经问过我一个问题，他问："你觉得家庭教育，是不是只有父母对孩子的教育？"对于这个问题，我的答案应该是否定的。父母虽然是孩子的长辈，但很多时候，家庭是一个团队，也需要相互学习。很多时候，家长也可以从孩子身上学习很多。所以，家庭教育，不只是父母管孩子，它不是单向的，而是双向的，是父母与孩子相互学习的过程。

　　一般来讲，一个家庭里有爷爷奶奶或外公外婆、爸爸妈妈和子女。对于大多数中国家庭来说，家庭教育是三代人的互生管理。

一般情况下，在一个家庭中孩子对长辈只能听从。父母的人生和社会经验比孩子丰富，能够给孩子一些建议。但是不同的家庭有不同的情况，当孩子发展比父母更好，接触的社会面更广时，可能父母的意见就不一定具有那么高的参考价值了。比如我在美国读书，对美国社会的了解更多，这方面爸爸会向我学习。同样，爸爸的人生经历和工作经验非常丰富，这些非常值得我学习。所以，家庭教育绝不是单纯的"听父母的话"，互相学习、共同成长，对家庭来说才是共赢的。

父母培养我的五大细节

要有健康的体格

想要拥有健康的体格，首先，要坚持运动。我爸爸特别喜欢运动，每天都去健身。虽然他快50岁了，但看起来比很多同龄人年轻。受他的影响，我一直坚持锻炼。其次，要养成健康的饮食习惯。我们家做饭坚持少油、少盐、少糖，荤素搭配合理，从不大鱼大肉。

总之，如果不坚持锻炼身体，不保持健康饮食，随着年龄的增长，身体就容易出问题。

找到白热空间，进入心流状态

我们常常听说一个词——"开窍"，我认为，开窍也可以理解为"觉醒"。一个人什么时候开窍，就像自然界中植物的花期一样，有早有晚。比如谷爱凌、郎朗，他们都是开窍很早的人，而我爸爸，就是开窍比较晚的人。

人一旦开窍，就会进入"白热空间"，现在也常常称之为"心流"。心流是一种人们在专注进行某行为时所表现的心理状态。如艺术家在创作时所表现的心理状态。通常在此状态时，人们不愿被打扰，也称抗拒中断。心理学家米哈里·契克森米哈赖将心流定义为一种将个体注意力完全投注在某活动上的感觉。心流产生的同时会有高度的兴奋感及充实感。人只有进入这一状态，才可能发挥最大效率，才能挑战平时不敢想的事情。

我推荐大家认真研究蒂姆·S.格罗弗和莎莉·莱塞·温克所著的《野蛮进化》一书，它将助力你找到自己的白热空间，进入心流状态。

形成迎难而上的行事风格

畏难情绪是我们在成长路上必须克服的，否则碰到有挑战性的事就直接放弃，那么我们慢慢会发现，自己什么事情都做不好。其实每个人多多少少都会有点畏难情绪，但那些在各自领域有所成就的人，都是能克服畏难情绪，迎难而上的人。

我在爸爸的建议下，开始去创业、演讲等，虽然遇到了林林总总的困难和问题，但我还是坚持了下来，没有放弃。其实，人越是长大，遇到难事的概率就会越大，父母要经常与孩子沟通，帮助孩子克服困难，让孩子学会把挑战变成动力，形成迎难而上的行事风格。

自信

有的孩子天生就比较自信，但有的孩子不是。对于天生自信心不强的孩子，家长可以多带孩子参加各式各样的活动，或者各种比赛。不要仅限于学校活动或比赛，也可以去体验社会上的各种活动或比赛。比如我爸爸妈妈让我妹妹去参加加利福尼亚州的网球活动，也让我参加各种比赛。我小的时候很不自信，于是爸爸妈妈让我去打高尔夫球，学习跳舞，在一次又一次的训练和比赛中，我逐渐变得自信。其实，如果你有一项特长，你就会不自觉地变得自信。

其实，自信会渗透到你生活的方方面面，让你心情愉悦，提升你的幸福感。比如，有一天早上，我去遛狗，一对夫妻摸着我的狗说："这只狗真不错。"我说："是的，谢谢你。我也觉得我的狗挺棒的。"最后我还说了一句"主要是我养得好"。

有良知

现在大家的生活越来越好，很多孩子获取东西太容易，导致他们变得越来越自私，认为父母的一切给予都是应该的，不给就大吵大闹，甚至做出违法犯罪的事情。为了避免这种情况发生，父母应该多让孩子做公益，参加社区服务，让孩子知道感恩，这对孩子的成长非常重要。

第二节　我的家庭教育关键动作

建赛道：为孩子寻找优质的教育资源

"父母之爱子，则为之计深远。"父母爱孩子，应该为孩子做长远打算，为孩子规划好未来，建好赛道。人生赛道规划，最初通常包括到哪儿上学、学什么、做什么。当到达一定阶段，人生的发展方向基本明确之后，某些规划就可以具体化，如做的空间、将来与谁合作、谁来投资、我投资什么、客户画像、国家的支持度、传承增值等（见图 5-1）。

图 5-1 人生赛道规划图

对于我来说，到哪里上学，将来从事什么工作，父母也是经过多方面综合考虑的。他们认为投资孩子教育，是最好的投资。孩子在哪儿上学很重要，尽量让孩子接受优质教育。因为老师不同，视野不同，浸泡的环境就不同。刚来美国上学的时候，我在一所公立学校，七年级才转到现在的私立学校，我觉得这两所学校最大的区别就是学习环境，或者说学习氛围。在公立学校最后一年是六年级，我当时的成绩大概是两个 A，三个 B，甚至还有一个 D。我来到私立学校的第一年，也就是七年级，第一次得到全 A 成绩单。刚开始我也感觉很纳闷，为什么我的成绩提升那么快。我仔细思考了一下，觉得还是受整体环境的影响。

在私立学校，所有的同学都有一个统一的目标——考上优质的大学。在这种环境的浸润下，我自然而然地变得积极向好。

美国的私立学校通常都是小班教学。学生在这里也可以获得更多的个人关注。比如我在选课的时候，其实压力还是很大的。因为这决定了我一整年的学习计划，会影响我的 GPA 成绩和大学申请。为此，我的班主任和我进行了整整两三个小时的选课讨论，给了我很大的鼓励和帮助，让我真切地体会到，学校是真正想要孩子变得更优秀的。

作为家长，你们要明确孩子上初中、上高中、考大学不是唯一的目的，还有素质的培养和眼界的扩展，这些对于建赛道非常重要，因而需要家长提前帮助孩子规划。随随便便找一个学校让孩子上，一定不是明智之举。

有效陪伴，精准支持

有效陪伴，是幸福感的来源

很多留学生从初中开始来美国上学，直到研究生毕业，其间与父母相处的时间很少，基本上都是自己一个人生活，这导致了很多问题产生。

美国中学大部分是要走读的，于是很多孩子来美国上中学就要找一个寄宿家庭。这时，由于语言沟通不畅、饮食习惯差别、陌生的环境等，孩子的心理落差就会非常大，又找不到人交流倾诉，他们会感到孤独和无助，很容易焦虑甚至抑郁。也有很多家长确实来美国探望孩子，可人是来了，与孩子却不交流，都忙着刷手机。

我觉得家庭教育，有效陪伴是关键。作为家长，一方面不要认为自己肯定是对的，要善于聆听，虚心接受别人的建议，改进自己的不足。另一方面，要时时关注孩子的成长，让孩子知道父母是带着满满的爱、满满的付出和投入，希望孩子更加幸福的。不要等到孩子真有问题，家长才去关心，那时已经晚了。

我建议各位家长，真的要抽出时间陪孩子。家长要打开胸怀，与孩子坦诚沟通。比如我和爸爸虽然有时候也会发生争执，但过后我会反思，如果是自己有问题，会主动道歉，我会对爸爸说："如果你接受我的歉意，我可以给你做一杯咖啡。"爸爸做错了，也会向我道歉。所以我觉得自己真的特别幸福。

有效陪伴，是父母陪着孩子一起做事

陪伴和有效陪伴是两回事儿。有效陪伴是父母和子女花时间共同做一件事，帮助孩子健康成长。因此，如果你只是天天早上送孩子到学校，晚上接孩子回家，虽然共处一室，但一天说不了几句话，孩子做自己的事，你做你的事，这不叫有效陪伴。家长和孩子常常为彼此无话可说而苦恼。为什么会这样？因为孩子的事情，家长不知道。孩子有什么朋友，对什么感兴趣，在干什么，孩子的一切，家长都不了解。孩子问："咱家是干啥的？"家长说："你不需要知道，你还小。"这其实只是陪伴，是无效的。

我爸爸曾经邀请我去做助教，这次做助教的经历，既是爸爸对我的有效陪伴，也让我获得了巨大的成长。在此之前我不清楚爸爸是如何工作的，但是通过这一次体验，我了解了很多，这让我们父女俩的关系变得更紧密。这就是一次有效的陪伴。

有一个朋友对我说，他每个星期天都要陪妈妈说说话，问我这算不算有效陪伴。我认为只是说说话不是有效的陪伴，你们还得一起做点事。比如你们俩都有打乒乓球的爱好，完全可以一起打球，增进感情。

很多孩子长大以后远走高飞，只有在逢年过节的时候，才会回家住两天。这也叫陪伴，但这往往是无效陪伴。无效陪伴使得父母与孩子之间的关系越来越冷漠，甚至失去连接。父母如何才能和孩子一辈子都有连接？比如我和爸爸有共同的爱好，我们都喜欢打高尔夫球，以后我走入职场，我和爸爸也是球友。同时我喜欢跳舞，我爸爸也会跳，我们也是舞友。以后我们如果还有共同的事业，加上这些共同的爱好，那我们就能始终保持连接。

家里人如果彼此都是各玩各的，自然彼此也就没有连接。要保持连接，需要大家一起努力。我的爸爸努力找到与我的共同爱好，即使我以后离开了家，我们也可约定一个时间，比如周末一起打场球。所以，父母与孩子发展共同的兴趣爱好，甚至成为事业上的伙伴，有利于建立连续不断地连接。

有效陪伴，精准扶持

1.召开家庭会议，全体参与

我家会定期召开家庭会议。开会的时候，一家人坐在楼梯上畅所欲言，大家一律平等，这也是所谓的"楼梯会议"。家人之间要互相交底，比如爸爸在忙什么，妈妈在忙什么，家长把这些都讲出来，家长愿意讲，那么孩子也愿意讲。

2.家庭生活轮流决策——规划训练

虽然我的弟弟才七岁，但是我爸爸也会给他家庭生活的决策权。比如，让他做我们家某些天的计划：我家早上吃什么，中午吃什么，晚上吃什么，以及要做的主要事情。计划做完后，由我写在纸上并贴在冰箱上。给一个孩子做

决策的机会，他的变化会很大。有一次，弟弟发现了一盒
巧克力，问爸爸能不能吃巧克力。结果爸爸说："只有通
过你晚饭吃得好不好来决定你是不是可以吃巧克力。"这
就是"延迟满足"，不能他要吃巧克力，就给他吃。听爸
爸这么说，弟弟把巧克力放了回去。他好好吃完晚饭以后，
爸爸也兑现了承诺，拿出两颗巧克力给他。我们不要以为
孩子小，什么都不懂，不断地让孩子自己去做决策，他会
获得很多锻炼机会。

3.资源对接，专长相扶

父母或多或少都有自己擅长的，父母也一定要将自己
所长传授给孩子。比如我的爸爸是一个培训师，他不但培
训我，还培训了很多朋友的孩子。再比如我爸爸喜欢演讲，
所以他也很注重培养我这项技能。父母有什么样的资源，
就给孩子对接什么样的资源，用自己的专长扶持孩子。

4.随缘惜福：珍爱相处时间，珍惜连接福分

一个人上幼儿园之前，可以说家就是全部；从上幼儿

园开始，我们在学校的时间越来越多，慢慢地，家就是我们的夜晚；大学以后，家就是我们的周末和假期；工作以后，家就是我们的节假日；等我们结婚生子以后，家似乎更多的是回忆。我现在上高中了，我和父母朝夕相处的日子其实并不多，等我 20 多岁，我可能就要离开这个家了。

家，随着时间的推移，在孩子心中会逐渐发生变化，并且这种变化是不可逆的，父母和孩子都需要接受这个事实，所以无论是父母，还是孩子，都要特别珍惜作为一家人的福分。

言教、身教、境练

言教不如身教，身教不如境练。为了培养孩子的品德，做父母的行为要自慎，应该处处做孩子的表率。孩子好的和坏的行为往往是受父母教育影响的结果。

我们最熟悉的言教，莫过于家长给孩子讲大道理。但很少有家长能把大道理讲得孩子爱听，能听进去。我的爸爸不会给我讲那些大道理。讲大道理的成本比较低，效果也比较差。

身教就是做榜样，它的成本比较高，占用的时间比较长，但效果通常比言教好。不过身教有个缺点，就是它要受到教授者的天花板限制。比如我要做演讲，将来除了跟着爸爸学习，还得请教更高水平的老师。因为我跟着爸爸学就有天花板，我要想不断成长，就要不断突破天花板。

境练，就是在环境中训练孩子。境练试错的成本比较高，但收获也大。不过这种教育方法实施起来比较困难，主要是机会少，缺少舞台。所以，有机会的话，父母应该多给孩子提供境练的舞台。

孩子被批评得越多，往往越不自信；而赞和赏也不是任何时候都是好的。真正的家庭教育不只用语言，还要有良好而精准的对策。我爸爸在家里不喜欢讲大道理，他喜欢用实际行动，这往往更有教育效果。

比如想让孩子吃饭，家长在旁边说饭菜有营养是没有用的，身体力行地给孩子做出榜样才有好效果。

我爸爸考上大学，爷爷递给他一叠沉甸甸的学费，这份来自整个家庭的支持，给了我爸奋发努力的底气和向上发展的可能。

我和爸爸在一起，说心里话我觉得挺幸福的。我作为爸爸的搭档和他一起做直播，特别是第一次的时候，感觉压力很大。我们总是要有第一次的，所以家长要多鼓励自己的孩子敢于挑战困难的事情，鼓励孩子大胆地去尝试。我第一次直播的背后是爸爸陪着我 20 多次的训练，并且在每一次训练后，他都做文字记录，复盘我哪个地方讲得好，哪个地方讲得不好。通过演讲，我在生活和学习中获得了特别多的帮助。我也慢慢发现，演讲几次之后，我在日常说话以及课堂上回答问题时，变得更自信了，我的言谈举止也发生了一些变化。此外，我觉得演讲最大的益处在于演讲者想要把话讲出来，要先向脑袋里输入知识。因为如果脑袋里的知识很少，你是讲不出来的。所以要想做好演讲，你就要不断吸收、积累知识，这无形中会让你收获满满。

我爸爸教会我很多生存技能，帮我找到练习的场景，即境练，是"言教不如身教，身教不如境练"的积极实践者。

兴趣爱好刻意训练

我现在除了学习文化课之外，最喜欢的两件事情是舞蹈和演讲。

以我的舞蹈学习为例，在我的舞蹈学习过程中，父母提供了很大的支持。舞蹈对于我们全家来说都是陌生的，我是家里唯一学习跳舞的人。在一个完全陌生的领域，刚开始并不容易。我的第一堂舞蹈课是芭蕾，我对芭蕾做了一些研究，了解了芭蕾发展的历史，为此，我还专门学了法语。

同时，我还学习了中国民族舞蹈，参加了国际桃李杯舞蹈大赛中国民族团体舞比赛，并获得了白金奖。我认为，要想获得一定的成就，就要从最基础的学起，不要觉得基础的就容易。我刚开始学舞蹈，第一堂课就从深蹲开始，这个动作看起来简单，做起来难。就算我现在的芭蕾舞是 5 级水平（我参加的芭蕾舞考评体系最高级为 6 级），我也经常上一些 2 级或者 3 级的课程。时常复习一下基础，对我帮助特别大。

我平时练习舞蹈的时候，会刻意训练基本技巧。同时，我也会录下跳舞的视频，记录每一次排练，最重要的是回到家里复盘，看看哪些地方不足，还可以做得更好。

此外，不要怕失败，任何困难，你只要克服了，内心就会更强大。不能因为做错了而沮丧失落、放弃自己，其实我们可以据此吸取经验教训，找到改进的方法。如此，失败或犯错，其实会更有利于我们成长。以前我自己也犯过很多错误，失败过很多次，但这些痛苦也变成了我不断进步的动力，因此失败也不完全是坏事，你完全可以把它变成帮助自己、有利于自己进步的插曲。

🎓 热点问题汇总

1

Q：孩子每次考试都说自己不适合考试，感觉付出和成绩不成正比怎么办？

A：可以多鼓励，教他考试的技巧，关注孩子的考试逻辑，给他讲考试心态。其实，人生也是一场考试，所以，学会考试很重要，它是一项必不可少的人生技能。

2

Q：孩子迷恋电子产品怎么办?

A：孩子迷恋电子产品没问题。比如他喜欢智能手表，这就没什么问题。但如果迷恋电子产品中加载的电子游戏，就不好了，一定要改掉。我建议大人多安排一些亲子活动，这样孩子自然就没有时间去玩电子游戏。

3

Q：与孩子没有共同爱好怎么办?

A：与孩子多沟通，寻找你们可能的交集点，我相信，通过努力，你们一定能找到交集点，培养出共同爱好。我建议父母和孩子至少有一个共同爱好，这样，有利于彼此建立良好的连接。如果父母与孩子没有建立良好的连接，将来孩子长大后，可能连家都不回，甚至给孩子发微信，他都不回。

4

Q：小孩的叛逆期如何引导？

本质上我不认为孩子有叛逆期，孩子叛逆主要是沟通不畅。家长给孩子提个要求，孩子就蹦起来；孩子给家长提个要求，家长自己也炸了。这样来来回回，永无宁日。家长和孩子，沟通时首先要有耐心，其次彼此尊重，这样问题就有了解决的基础。坚持下去，不断复盘，一定能见效。对待叛逆的孩子，家长给予更多包容与理解，孩子自然会敞开心扉。

5

Q：孩子在学校担任各种职位，参加各种活动，看重奖杯和表扬，但在学习上老掉队，不重视，怎么办？

A：孩子热衷于担任各种学校职务固然很好，这代表他很上进。但是，掌握学习生活的轻重缓急是非常重要的。学习永远是最重要的，家长应该和孩子深谈一次，让他明白学习的重要性，并告诉他忽略学习的后果。

现在很多年轻人都控制不住自己，总想玩手机。为了控制住自己，我建议你可以跟未来的自己签订一份契约，内容就是你将来要做什么，为了达到将来的目标现在要做什么。比如我要和 20 岁的自己签一个契约，20 岁的时候，我上什么大学，要做什么工作，为此，我要做哪些努力。这等于给自己定了一个长期的目标和计划。玩手机，你获得的更多的是即时满足，而不是对未来的助益。如果你跟未来的自己签一个契约，会使你对自己的掌控能力变得更强。

致谢

《为青春念书：中学生留美亲历实录》能得以出版问世，我首先要感谢的是张健老师、贾长荣女士以及贾长松先生。

一路走来，张健老师传授我学习之道，与家人的相处之道，以及正确的人生规划之法，给我颇多启迪。

我的姑姑，贾长荣女士，帮助我建立学习的信心，培养我走上自主学习的道路。

我的爸爸，贾长松先生，从事企业管理咨询行业，管理营销人员1620人，加上工程师和专家，员工总人数两千多人。表面上看，我爸爸并不是教育专业出身，也没有相关行业经验，但他非常注重家庭教育，并且在这方面有自己独到的见解与心得。我能取得今天的小小成就，有很

我和爸爸

我的留学生活

我和家人参加长松股份十周年盛典

幸福的一家人

大一部分都归功于我爸爸对我一直以来的教育，以及他对于我教育的持续投入。

其次，我还要感谢家庭的支持。爸爸妈妈给予我无条件的爱，无论任何时候我遇到困难，家都是我的港湾。有了这个港湾，我才可以大胆地放心飞翔。我希望通过我自己的努力，让我的家庭更加美好。

再次，非常感谢长松股份给予的平台，是你们的支持，让我有机会把自己的心得传递给需要的家长和同学们。另外，感谢郭泰、杨紫茉以及贾长松先生在演讲中提供了诸多观点，让这本书得以更加丰富而精彩。

最后，感谢民主与建设出版社、任红波老师以及北京时代光华图书有限公司的所有编辑老师，是你们的信任及专业，让本书得以面世。